●シリーズ 福祉に生きる

67

原崎秀司《はらさきひでし》

中嶌 洋／著

おおぞらしゃ
大空社

お読みになる人へ

〃福祉は「人」なり〃という言葉があります。この言葉は、福祉を職業とする者、またボランティアとして活動する者、さらに市民として福祉を担い、同時に主権者として福祉を考えるものにとって、重要なポイントとなります。その「人」、とりわけ多くの先駆者、先輩から、私たちは自らの在り方をしっかりと学ぶ必要があります。しかし今まで福祉を築いた人々については、余り知られてきませんでした。とくに地方の人々については、とらえられることがほとんどありませんでした。著名な人でも、その人の人生の中で、なぜ、福祉が実践され、どのような想いで展開されたかについては、深く探究されたことは少なかったのです。それは福祉を学ぶ者、また福祉を願う者、福祉をうちたてる者にとって、さらに国民全体にとって不幸なことでした。

このシリーズは、以上のような状況に対し、新しい地平をきりひらくため、積極的に福祉の先駆者、先輩の伝記を改めて探究し、書きおろしたものです。

是非、多くの人々が手にされ、しっかりと読んでいただけることを、願ってやみません。

一番ヶ瀬　康子

目次

第四章　地方への栄転と国内状況視察

原崎　秀司

原崎秀司

はじめに

ホームヘルパーという耳慣れた用語は、ほんの五〇年程前までは一般的なものではなかった。その前史には、家庭養護婦や家庭奉仕員と呼称された草創期があり、先人の奮闘の上に現在がある。こうした担い手のみならず、県厚生課長、市社協役員、民生委員、婦人相談員などの尽力により、ホームヘルプ事業史は展開していくことになった。

原崎秀司《はらさきひでし》（一九〇三～一九六六）とは、国連社会事業奨学生として、一九五四（昭和二九）年一月、イギリス・ブリストル市内でホームヘルプ制度を学び、帰国後、これを長野県に導入することで、日本最初の組織的なホームヘルプ事業である「家庭養護婦派遣事業」（現在の訪問介護員派遣事業）を創設した人物である。その名前は、現在刊行されている社会福祉・介護福祉関連の概説書に登場することはあるものの、ほんの数行程度の説明に留まっている。

このたび、筆者が二〇〇六（平成一八）年から継続的に行ってきた長野県調査により、原崎直筆の四冊の日誌（『母子日記』『遠保栄我記《えんぼうえいがき》（新正堂版）』『歌稿 第一輯』『自由日記（横書）』）及び十数本の論稿が発掘された。そこには、未知なる彼の思想や知られざる苦悩のほか、適宜、短歌が認められており、日々の思考や創作を習慣化していたことが窺い知れる。本書では、草稿段階のものをも含む原資料を紐解き、実証的に論じ、原崎の功績や任務など表舞台の事象を理解するだけではなく、彼の苦悩・失望・葛藤などの裏事情をも含みながら、全貌を史料的裏付けのもとにアプローチする。

本書は、既刊の拙著『日本における在宅介護福祉職形成史研究』（みらい、二〇一三年)、『ホームヘルプ事業草創期を支えた人びと――思想・実践・哲学・生涯』(久美、二〇一四年)に基づきつつも、新たに発掘・分析した内容を加味した新・原崎秀司研究であり、研究者、実践家、学生らすべてを読者対象としている。ここでは、教育県・福祉先進県と評される長野県で生誕した原崎が、いかなる思考経験・教育歴を有しながら公務を果たしていたのか、ホームヘルプ事業の先覚者としての原崎の実績とそれを取り巻く関係者がいかに作用しながら、やがて海外へと視野が拡がっていったのか、そしてそのなかでの原崎の熟慮や苦闘をダイナミックに描写することを心掛けた。

原崎が導入したホームヘルプ制度は、現代日本社会の根底を支える在宅福祉・地域福祉をもたらし、さらに将来へとつながっている。にもかかわらず、原崎の詳細が未だ明かされておらず、彼が託したであろう思想・信念が継承されていないのが現状である。そこで、その周知徹底のための第一歩として本書を位置づけ、原崎を通じ、「温故知新」を実践することを期待したい。本書の末尾に掲載した彼の短歌も併せて熟読していただきたい。

平成二六年四月　　著者

第一章　自由教育の影響を受けた青少年時代

生まれと青少年時代

原崎秀司は、一九〇三（明治三六）年八月五日、長野県埴科《はにしな》郡戸倉町（現、長野県千曲市若宮）に、地主の父寅之助、主婦の母たけの五人姉弟の長男として生まれた。「秀司」の命名理由は定かではないが、原崎家待望の長男として周囲の期待は大変大きいものであった。彼が誕生した一九〇三年には、体位低下に関する部局間委員会（教育局・保健局の合同委員会）が開催され、同委員会報告によれば、貧困、栄養失調、不健康状態などの問題が指摘された。翌年には日露戦争が勃発し、こうした戦時下で、一九〇五（明治三八）年、救護法適用以外の人に対する職業紹介を趣旨とする失業労働者法などが成立された。

一九一五（大正四）年三月、原崎は尋常小学校を卒業するも、その直後の詳細は明らかになっていない。ただし、父親の跡を継いで、家業である農業に従事する気はあまりなかったようである。一方、彼が青少年時代から興味を抱いたのが短歌や農民美術などの創作活動であった。とりわけ、彼が生まれた長野県は、児童自由画運動や自由大学運動など、大正デモクラシー期に盛んだった自由教育の発祥地であり、こうした教育的風土や地域的慣習の影響を受けながら育っていったのも事実であった。

山本鼎《かなえ》から教わった農民美術

長野県上田市において、一九一八（大正七）年から始動した自由画教育運動は、自分らしい生き方の追求や人間的尊重、美術的情操の習得によるＱＯＬ（生活の質）の向上を目標として、臨本・扮本・師伝を重視する『国定臨画帖』（のちの国定教科書『新定画帖』）から児童を引き離し、自然界に目を向けさせることで、子ども本来の創造力や個性を引き出し、感受性や情操を育成する教育のことである。同運動はそもそも、明治中葉の毛筆画教育が美術専門的であることへの反省から、普通教育としての非美術的専門的図画として、人工的に考案された教育的図画の内容の改変を目ざす活動であった。雑誌『芸術自由教育』の編集者でもあった山本鼎（一八八二〜一九四六、自由画教育運動の主導者）を中心に、主体的な態度と強固な批判精神をもって、公教育に対峙する形で発展過程を辿った自由画教育運動は、日本教育史上の一つの画期を形成したといえる。

一九一〇（明治四三）年に『新定画帖』が小学校用として発行されたことに対し、それを「不自由画」ととらえ、痛烈に反対した山本は、不自由画に対し、「模写を成績とする画の中であって、臨本―扮本―師伝等によって個性的表現が塞がれてしまふ」と懸念した。そこには、模写を排し、創造を奨めるという自由画教育の基本理念に基づく観念があった。イタリア及びロシアでの視察・見学を終えた山本から諸外国の美術教育の実情や進歩性を聞き、感動・共鳴した市民に、金井正《かないただし》や山越脩蔵《やまこししゅうぞう》らがいた。彼らの多大な協力の下で、自由画教育思想が一般化していくことになる。反面、明確な指導方法や具体的な教育方針の不備という限界をはらんでいた。

　このように、実物をとらえ、実写することが創作の基本であるという進歩的な考え方に原崎自身も共鳴していた。詳細は不明だが、絵画のみならず、彫刻などの農民美術の基礎を直接、山本から学んだという原崎は、こうした自由教育のあり方を深く実感したことであろう。現在も幾つかの原崎作品が残されているが、若年期に巨匠の山本から強く影響を受け、実物・実際をとらえ、現場主義の徹底を学んだ経験が、のちの国内視察や海外視察で活かされたことは言うまでもなかろう。

短歌集団「潮音《ちょうおん》」「白夜《びゃくや》」への入会と創作活動への覚醒

二五歳になった原崎は、『歌集 土くれ 第一輯』（一九二九年一月）に、「白い日」と題し、一七首の短歌を投稿している。それらの内容は多様であるが、当時の彼の心情をよく表したものに、

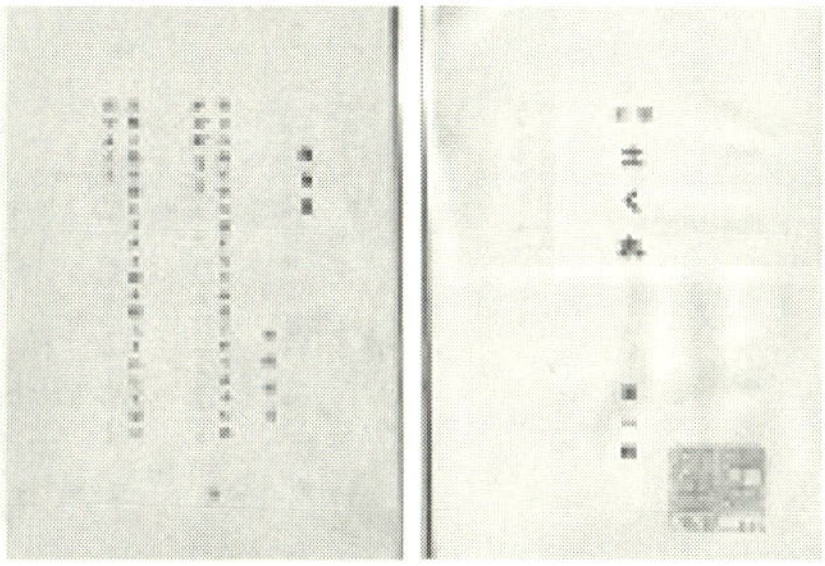

20 代の頃の原崎の短歌
原崎秀司「白き日」『歌集 土くれ 第一輯』
矢野活版所、1929 年、75 ～ 80 頁

「身一つあまる心をなげかけて夜半の炬燵に火をほりにけり」

「公園の芝に秋日の白々と母の面影消えにけるかも」

「長き夜のもの読みふけし静けさに眼つむりてしまらくありぬ」

などがある。「あまる心」という文言から、満たされぬ彼の心境が汲み取れ、自身の将来を思考している様が窺える。また、「母の面影」か

らは、一九二九（昭和四）年五月に亡くなった父親への思いとともに、母親を想起して記した言葉であったろう。この歌集の編集者が生涯の付き合いをすることになる師・山崎等であった。若き日の原崎は、自分の自然な感情に素直であり、師を慕い、今後の身の振り方に苦慮していたと考えられる。

第二章　師　三木清との出会いと哲学的思考

三木による信濃自由大学講座「経済学に於ける哲学的基礎」

農民美術や短歌を嗜んでいた原崎は、猛勉強の末、法政大学文学部哲学科に進学、その後は「自由と進歩」の学風の下、同校教授でかつて信濃自由大学（のちの上田自由大学）講師をも歴任した三木清に師事し、三木の思想的影響を強く受ける。三木哲学を修得すべく読書三昧の学生生活を送った原崎は、同校卒業後、旧厚生省（全日本方面委員連盟書記）に入省し、その後の一九三九（昭和一四）年から茨城県庁（社会事業主事）に勤める。故郷長野県に異動後は、社会事業主事、県渉外課長、県厚生課長、人事委員会事務局長、日本赤十字社長野県支部事務局長、松筑《しょうちく》地方事務所長などを歴任した。一九五九（昭和三四）年からは県児童福祉審議会、防災会議の各委員、県社会福祉協議会理事を兼任し、没後は勲四等瑞宝章を受章している。

　こうした原崎の目覚ましい活躍の背景には、いったいどのような思想や実践があったのだろうか。とりわけ、大正期の上田市に焦点をあてると、そこには当時一大ブームを巻き起こした大正デモクラシー思想の下に展開されていた信濃自由大学の存在が注目される。この自由大学教育の基底には、宮坂《みやさか》広作《こうさく》の指摘の如く、「社会的労働と併行して行われるべきものであり、教育が労働を阻害してはならず、労

原崎が傾倒した法政大学学生時代の恩師
三木清

働しつつ学ぶことが教育の本すじでなければならない」(注1)という考え方があった。すなわち、生産労働と結びついた成人学習として生涯にわたる教育という視点から自由大学教育がとらえ直されてこそ、無限の人格発展や自立的人格形成を目ざし得たのであり、原崎もこのような思想に影響されたと考えられる。では、原崎はここで具体的にどのような教育的影響を受けていたのだろうか。原崎は、彼直筆の日誌（『遠保栄我記（新正堂版）』一九三八年～一九四九年一〇月）のなかで、恩師、三木の著述を部分的に書き写しており、その傾倒ぶりを窺わせる箇所がある。

それは、哲学的内容が主流を占めた信濃自由大学講座のなかで、三木が担当した「経済学に於ける哲学的基礎」に顕著に現われていた。山野晴雄編『自由大学運動資料――伊那自由大学関係書簡（横田家所蔵）』（自由大学研究会、一九七三年、一四五～一四七頁）に収録された「三木清『経済学の哲学的基礎』（一九二九年一一月一五日）」には、「経済的構造」、「歴史性」、「弁証法」の三点を強調した三木の講義内容が克明に記されている。まず、三木は経済的構造について、「ヘーゲル　文化現象が交互作用する許りでなく事実自体があるとする。神。経済的構造　生産力（労働、機械）生産関係（資本主義的関係）　経済的構造が土台となり他の文化現象はその上部建築が存在する。経済的構造の動きが他のものを動かす動機となる。」と教授している。次いで、歴史性については以下の如く詳細な板書が書き残されている。

総ての存在は歴史性を持ってゐる。之はマルクス、ヘーゲル主義の共通の考である。黒板は単に存在するのではなく歴史、過去を含んでいる。従って物の本質（存在）を知らんとすれば歴史を知らねばならぬ（根本的）。そう云ふ意味に於て、現代社会を知らんは、之歴史を知らねばならぬ。歴史は単に過去のものではない（あるもの）。歴史が過去のものであって而も尚影響を及してゐるものを研究するのである。換言すれば、現在が歴史である。歴史とは過程を持つものである。現在は過去からの過程の結果であると共に未来への出発点である。此意味に於て全体の過程（過・現・未）から現在に有って集中された一点である。存在するものは凡て歴史性を持ってゐる。（注2）

さらに、弁証法に関しては、「運動の法則」と「全体としてみる見方（普遍性）」に二分して図式化しつつ以下のように解説されている。板書ノートの記述量から、三木がもっとも力説したかった内容がこの弁証法であったと考えられる。

【運動の法則である】

物を動的に見る見方と何時も結び付いてゐる。運動は何時も矛盾を含んでゐる。運動は静止を自らの内に含んでゐる。静止してゐては進行することが出来ない。ツ《ママ》エノン　運動の不可能を例証した。

アキレスと亀。従って運動の矛盾を理解せん《ママ》ければならぬ。弁証法は矛盾の論理である。矛盾は運動の活動力である。矛盾と統一によって運動してゆく。

【弁証法は全体としてみることが重要な見方の一つである】

此場合注意すべきは普遍と特殊との関係である。①個々のものより共通のものを取出して普遍を作り出す場合。之は形式論理に於けるもの、抽象的普遍がある。従って最も抽象的なもの程普遍であることとなる。②普遍を具体的に見ることが出来る。最も有機体(人間)全部と部分とが相互に作用する。全体は部分を含む。而して部分に於て何時でも全体が働いてゐる。(中略)弁証法に於ける普遍は全体と部分とを同時に考えこむ時普遍である。日本経済を(特殊)研究するに当っては世界経済を研究せざれば解らぬ。(全体の一環)世界の資本主義を見なければならぬと同時に日本の特殊をも見て、そ

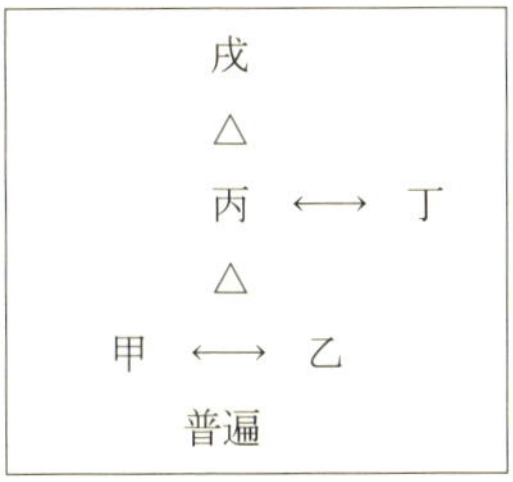

三木清による「普遍」の説明

三木清による「運動の法則」

山野晴雄編『自由大学運動資料――伊那自由大学関係書簡（横田家所蔵）』自由大学研究会、1973年、145頁を基に筆者復刻

して二者の関係に就て初めて理解し得る。

三木のいう弁証法では、全体性理解の志向、すなわち、「個々の出来事、それぞれの段階は全体と結びつけられ、全体の中で全体に対する関係において考察されるとき初めて、その独自性においても、またその必然性においても認識され得る」ことが重視されている。矛盾を内包した運動原理の理解と、部分と全体の関係に象徴される特殊―普遍の関係に注視させようとしていた意図が窺える。ここでの原崎の学習効果は計り知れないが、自由大学講座受講を通して各人の生活のあり方が模索されようとしたこと自体注目に値しよう。

原崎が摂取した三木哲学の一端

このような哲学思想を学んだ原崎は、「三木清に傾倒し、社会福祉に深い造詣があった」と伝承されるように、学んだ知識や哲学を日常生活や福祉実践にいかにして反映させればよいのかを思考していた。そのことを象徴するかのように、原崎は、三木清著『知性の改造』(一九三八年)の論述の一部を日誌に筆写している。「これからは世界に目を向けろ」、「人様に迷惑をかけるな」(注3)などを口癖とした原崎は、三木哲学の修得に努めるべく、以下のように抜粋している。原崎が『知性の改造』を重視したということは、裏を返せば、当時の長野県民をはじめとした日本国民において、さらなる知性の改造が必要だということを彼自身が深く認識していたことの表れと言えよう。

【知性の改造より】

歴史は今日再び転換期に立っている。このとき要求される知性の改造は抽象化した悟性が再び直観と結び付くこと、批評的知性が行動的知性に転化することである。思索家は行動人の如く思索しなければならぬであろう。政治家は芸術家の如く新しい社会秩序を構想し、造形しなければならず、他方芸術家には技術家の如き科学的な知性が必要である。知性と直観との根源的統一に於ける構想力の論理が新しい論理でなければならぬ。

真に弁証法的な全体は閉鎖的であると同時に開放的でなければならぬ。それは自己否定を含むやうな全体でなければならず、個体はどこまでもそのうちに包まれながら、しかもどこまでも独立なものであるといふのでなければならぬ。…

さらに、原崎は「唯物弁証法の弱点は有機体説に抽象的に対立することによってそれ自身一つの抽象に陥っていることである」と解釈し、自由教育思想の要点を強調する。

…社会的実践を離れて知性の改造は考えられない。ゲマインシャフトを単に非合理的なものと考へ、それをただゲゼルシャフト的に合理化しようとするのは、悪しき自由主義にほかならず、かくては家族の個人主義化の如くそれを破壊することになる。新しい知性はゲゼルシャフト的であるよりも、ゲマインシャフト的でなければならぬといっても、単に閉鎖的でなくて開放的世界的でなければならず、その意味において自由主義的なところを有しなければならぬ。

（日誌Ⅰ：年月日不詳、傍点筆者）

すなわち、自由教育思想に基づく教育や学びというものは、学習形態の定まらない何等制約のない勝手気ままな学問のことでは決してなく、開放的でありながら農業労働や勤務労働と結びついた現実生活に根ざした変革をもたらす自由な学問と解されていた。加えて、地元から日本へ、日本から世界へと、経済復興に繋がる全体性理解や国際的視野を要点とするものとして、「世界的」という文言を把捉できる。こうした場合、開放的・世界的な思想の形成と展開が、のちにイギリスのホームヘルプ制度に着目した原崎の着想や見識と重なってくる。これは当時の自由大学教育が果たし得なかった残された課題へのさらなる挑戦でもあったと認識できる。宮坂（一九六六）は「自由大学が社会運動の実践家をうみだしたというのではなく、自由大学の学習にあき足らず、その限界をのりこえようとしたひとびとが、自由大学のうんだ最良の子だった」と言及するが、原崎はそれを『知性の改造』にみ、当時の日本社会に不足していた知性を吸収すべく、欧米社会福祉視察研修で洋行した折、この背景思想を実践的展開へと繋げる努力をしたと認識できる。

第三章　戦争と全日本方面委員連盟書記時代

方面事業普及・推進のための雑誌メディアの活用
――『方面時報』の編輯

一九一七（大正六）年の済世顧問制度創設に端を発する方面委員制度は、一九二六（昭和一一）年の方面委員令制定・公布により、全国統一的な活動が目ざされ、民生委員令（一九四六）、民生委員法（一九四八）などの制度化とともに発展し、二〇一三（平成二五）年現在、一二三万人を超す民生・児童委員が委嘱されている。方面委員制度とは、地域内の低所得世帯の生活状態を調査し、そのニーズを制度に結びつけるなどの活動を、地域の篤志家が行政からの委嘱を受けて無給で行った仕組みのことであり、おおよそ小学校区を一方面として委員を配置し、指導や援助を行わせてきた。制度創設九〇周年を迎え、ここ一〇年間の増員数は芳しくないものの、今日に至るまでの発展過程は、新聞・雑誌などのメディアを通じ、その一端を垣間見られる。社会福祉領域の雑誌は、明治期に刊行され始めた『慈善』第一号（一九〇九年、のちに『社会と救済』『社会事業』と改題）を皮切りに、『融和』『社会事業彙報』など、中央社会事業協会を中心にメディア活用が進む。とりわけ、厚生省設置が閣議決定された一九三七（昭和一二）年には、盧溝橋事件、日中戦争が相次いで勃発し、国民不安を扇動しており、戦時下における社会事業の役割が考究されることになる。時勢に呼応し、軍事援護の働きが多くの人々に期待されたが、このことは方面委員とて例外ではなかった。

方面委員の役割はこれまで「名誉職であるが道徳的教化ではなく、専門職的な形にもとらわれず、地域住民に密着した援助の形は、全国に拡大していく要因となった」（池田・池本　二〇〇八：一五五）と概括的にとら

方面時報
東京中央局
料金別納郵便
昭和八年六月十五日第三種郵便物認可
（毎月一回十五日發行）
東京市麹町區霞ケ關三丁目三番地
同潤會館
財團法人 全日本方面委員聯盟
電話銀座(57)一六五二番
振替口座東京一八〇六九番

原崎が編輯した『方面時報』（一例）と奥付

えられ、一方、救済委員的体質が国民から反発を買い、「軍事援護関係でも方面委員制度はひんしゅくを招きまた影をうすくしていた」（右田・高澤・古川　二〇〇八：二八八）とさえ述べられる。ここから、戦時下の方面委員の苦難が汲み取れる。「戦時体制のもとで、強力に国策適合姿勢をとらされたことが、そのまま民間的自立活動の芽を奪いとる作用を示すことにもなった」（遠藤　一九七六：二一九）と指摘されるなか、にもかかわらず、方面事業に特化した雑誌『方面時報』が刊行されたことは特異なことであり、注目に値する。

同誌は、（財）全日本方面委員連盟によって一九三三（昭和八）年三月から刊行され、その編集を担当した一人が原崎であった。（注4）原崎は、軍事扶助法に基づき「滅私奉公」が求められた当時、「社会事業機構の第一線に立つ方面委員の奮闘こそ皇軍将士への慰籍である」（原崎 一九三七a：四）と記し、軍事援護を擁護する論陣を張っている。「社会事業機構の第一線」という文言から、彼の方面委員に寄せる期待の大きさを窺わせる。

他方、政治的・経済的変革が求められた一九三七（昭和一二）年には、「我が方面事業が此の過ぐる一年の重大時局に対処して如何に活躍し、其の国策の線に沿ふ重要なる役割を果して来たかを顧みるならば、其の事績には国家社会的に重大なる躍進の跡が印されてゐる」と言明する（原崎 一九三七e：四）。ただし、一時的・局所的な進展でなく、継続的・総体的な躍進のためには、その原動力となる仕掛けが必要であった。その一つが雑誌刊行であった。物質難の戦時下では、誌面上の各欄の有効活用の他、世論に迎合しない堅固な思想・制度の進展が求められた。ここでは、編集者としての原崎の力量や機転が発揮される場ともなる。

『方面時報』誌上における原崎の危惧

国民健康保険法や社会事業法などが公布された一九三八（昭和一三）年の展望として、原崎は、「益々重大且深刻を加へ国民ひとしく非常の覚悟を要する時、吾々も亦一層心をひきしめて方面事業界の時報として精進すべきことを誓ひ、年頭の辞といたします」と決意する（原崎 一九三八a：四）。反面、急速な政策展開に対し、「我が国自由主義の發展はあまりに急激であったが為に其の長所に溺れ過ぎ、其の欠陥に対する対策が比較的疎んじられ、各種社会法制の整備が等閑に附されて居たのである。然るに自由主義の推移に伴ひ、経済的には貧富の差甚しく、思想的にも幾多の問題を惹起するに至った」と危惧する（原崎 一九三七e：四）。

すなわち、欧米に倣った自由主義の急速的普及の一方で、その弊害として貧富の格差や思想的な遅れをとらえている。加えて、「茲に注意すべきは我が方面事業が地方的に特殊な發達を遂げた制度に対して、之を画一化したるにも拘らず、地方的事情に適應した融通性ある制度運用の妙を失ふことなく、之を統制し、所謂醇風美俗を法制化したことである」（原崎 一九三七e：四）と述べる。ここから単なる格差是正でなく、国内の地域差や融通性にも目を向けているところに彼の慧眼《けいがん》が窺える。(注5) 日本の将来の発展には地域差の克服が要であり、格差縮小や相互向上には全国規模での取り組みが求められた。その一方策として原崎が注目したのが『方面時報』刊行・普及であり、彼はいっそう任務に邁進する。

「全国方面動静」欄及び原崎の実践

毎号に漏れなく掲載された「連盟日誌」欄と各地の動向をとり上げた

「各地方面委員大会」「方面事業座談会」「方面事業懇談会」などの「全国方面動静」欄は、上記課題に対する解決への一つの試みであった。前者では、例えば同誌第七巻第五号第四面に「連盟日誌――七月六日　各新聞紙及ラヂオは全国に『阪神地方の水害甚大、方面委員の父林市蔵氏行方不明』と報導《ママ》した。急遽先生の安否を尋ねた結果『家屋の損害は甚大なるも先生初め御家族には御無事』の確執を得たので早速各方面にその旨を通報した」と報じられ、同第八号第四面には、「廿九日　人口問題研究会に柴田主事、土屋、原崎書記出席」という記事がみられるなど、積極的に情報発信がなされている。

　他方、後者の「各地方面委員大会」では、婦人方面委員の増員を示唆した長野県の記事や同県総会の様子が、「国民精神総動員運動とタイアップして――各地方面委員の活動　長野県」と題しとり上げられた（全日本方面委員連盟、一九三七：四）。こうした地方の動静を把捉し、雑誌を通じ事業展開に反映させようとする意図は特徴的といえたが、原崎が雑誌編集という事務作業のみならず、現地に赴き、各地の実情をていねいに把握していたことは看過ごせない。一九三九（昭和一四）年一〇月三〇日に編集作業を後任に引き継ぐまでの詳細を日誌から紐解くと、例えば、「埼玉県方面委員座談会（原常務理事の代理、一九三八年一二月一四日）」、「常務理事会議のため上京（一九三九年二月一二日）」、「丸子町方面委員下村氏の葬式に会葬（一九三九年五月九日）」などと記される（日誌Ⅰ：一九三八年一二月一四日～一九三九年一〇月三〇日）。

東京陸軍病院への見舞いと林少佐の所作

しかしながら、省内外の奮闘の一方で、戦局の激化は免れ得ず、原崎自身、「戦争は自分にとっては直接であり、暗いものでもあった。落着かない生活の中に僕のリーベは続いた。従ってそれは煮え切れない躊躇の中に停滞してゐた。そして、対者にとって迷惑なものであったと想ふ」

と率直に述べる（日誌Ⅰ：一九三八年一二月三一日）。さらに、「東京陸軍病院」と題する同誌第六巻第八号第二面記事には、彼の方面委員への基本的な理解が窺える。

重症兵の病室に二人又は三人宛一室に収容され身内の者が看護に附添って居られる人もあった。或る兵は同行の者が花を捧げると喜びを面に湛へながら其の花を受くるべき手は既に切断されて居た。枕頭の瓶に花を挿して其の室を離した亦或る病室を訪れた時、仰臥したまま便箋に何か書いてゐた兵が、ペンを置いて見舞を受けられたが顔面に異様な苦情を表はし『神経をやられまして』と呻吟するのであった。我々は共に暗い涙を催した（中略）林少佐は其の兵士達を湛へていたはるのであった。さすがに長く方面委員をされた人の態度であると印象づけられたのである。少佐は語を次いで『皆の留守の家を護って下さる方面委員を代表されて御見舞ひに見へられ

た』と紹介される、我々は一人一人のベッドの前に礼を述べた。…（原崎　一九三七d：二）

ここから原崎は、見舞中も方面事業のあり方や役割を考慮していたことが窺い知れる。彼は、戦争被害の凄惨さを感じつつも単に感傷的気分に浸っていたわけではなく、戦争で疲弊した人々に対し心から激励し、エンパワメント（力づけ、力添え）という戦時下における方面委員としての任務を林少佐の所作を通じ再認識している。

原崎自身、「国民として日本人にとって兵役は至高の名誉であり、崇高の義務である。しかし人として肉体的に亦延いては精神的にも直接国家の犠牲となって傷ついた之等人々に対して胸のつまるのを覚えた。そしてこの全的な犠牲に対して国家としての感謝と国民としての尊敬の具体的表象如何は国家社会構成上の重要なる問題であり、社会事業の実践上にも戦後長く此の方面への躍進が必要である」と論じ（原崎　一九三七d：

二、戦争犠牲者に対し畏敬の念を示すとともに、銃後生活の強化のための方面事業の振興をいっそう念願している。その具体的方法だが、以下から、原崎は、戦争の勝敗を決する武力の増強だけでは不十分であり、真に強い国民性を育むためには政治・経済・思想の強化こそが重要であると認識しており、それだけ彼が長期的視野に立っていたことが分かる。

勿論近代戦争の要諦は武力のみならず、政治、経済、思想等の銃後の体制が強固でなければ其の目的を達成し得ない。然るに社会行政の強化如何は直接に国民生活、思想等に影響するが故に社会行政の補助機関としての方面委員制度も、斯る戦時体制下に於ては積極的躍進が要請さるるに至った。(中略) 事変発生以来関係諸省からの数次に亘る軍事扶助に関する通牒にも明示されたる如く、我が方面委員の軍事援護事業への活躍が期待せられ、我聯盟又全国方面委員に対し、再度通牒(「方面時報」第九、十月号参照)する所があった。

（原崎　一九三七e：四）

すなわち、「戦時体制のもとで、強力に国策適合姿勢をとらされた」方面事業であったが（遠藤　一九七六：二一九）、一方で、行政責任能力の低下が私的救済機能を存続させた面があったとされ（同上）、原崎は方面委員ならではの役割を政治・経済・思想の強化から考究しようとしていた。そしてその手がかりを彼は「調査」に求める。原崎は、「吾々の任務は担当区域内の保護指導であり、其の職務の第一は調査である。調査が基となって軍事援護及び一般銃後諸問題の所置が講じ得る」と言及する（原崎　一九三八d：六）。当時の調査がどこまで科学的といえるかは疑義が残るが、(注6) データを重んじた原崎は、人々の生活改善を目ざした方面事業の普及や理解促進のために、実態をとらえ、事実に即した調査結果に基づき、雑誌刊行により社会の内側から変革をもたらそうとしていた。

原崎による「編輯後記」欄の活用とその限界

　ところで、編集者の一人として「編輯後記」欄を手掛けた原崎にはいったいどのような思想的特徴がみられたのだろうか。(注7) 同誌第六巻第六号を紐解くと、「軍事援護と方面委員」欄の特設を予告し、同七号では、「国民精神といふ言葉もこの時に即して理解することに依って新らしく強い意味が認められ、焦眉の問題となった」と社会的情勢を踏まえている。一方、同九号では、「近年我が方面委員大会成果の如実なるは誠に感慨無量なるものがある」と関係者の奮闘を讃え、他方、寄稿のうち、「…本号に青木博士、生江囑託、三澤泰太郎氏、村松義郎氏の玉稿を戴いたが、紙面の都合で掲載し得なかった。之等は近く読者に御紹介する機会をもつと思ふ」と結ぶなど（原崎　一九三七ｃ：六）、掲載原稿の取捨選択にも携わっていた。ここから原崎は方面事業の推進のため、「編輯後記」欄をある程度主体的に活用し、自身の思考や感情を率直に表現していたといえる。

方面事業は「その多くは地方の性格に根ざし発生したが、漸次全国的統一の統合傾向を示した」と吉田（一九七九：一三三〜四）は地域性や漸進性を指摘するが、こうした実践的な考えが「全国方面動静」欄や「編輯後記」欄を通じ、原崎ら関係者の意図も含みつつ、全国と地方との情報共有を促していた点が重要である。『方面時報』はのちに、『厚生時報』、『厚生』へと名称変更され、徐々に色彩も変化していったが、少なくともその出発点となった『方面時報』では、「編輯後記」欄が原崎にとって、自己

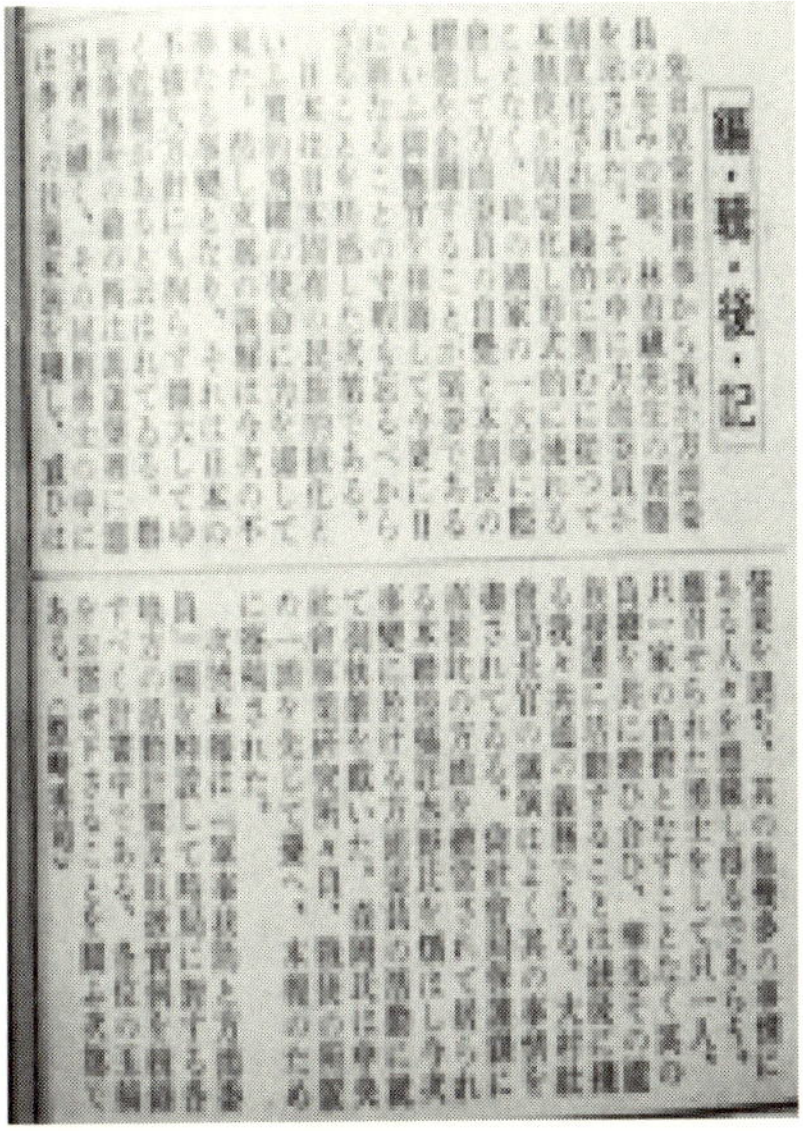
編・輯・後・記

原崎が記した「編輯後記」欄
『方面時報』第 6 巻第 6 号、1937 年、第 4 面

の公式見解の一つの場となっていた。ただし、雑誌メディアの場合、読み手が購読者などに限定されるほか、文字・活字だけでは十分に伝え切れないといった課題が残された。そこで、読者の量的拡大に加え、伝達手段の多様化が求められ、こうした時機に全日本方面委員連盟は、映画という当時としては画期的な映像メディアに可能性を見出していくことになる。

映像メディアによる方面事業の推進
――方面映画『方面動員』の製作と上映

一九三八(昭和一三)年〜一九三九(昭和一四)年にかけて、勤労動員や日本軍の武漢三鎮占領が進み、国内でも闇取引の横行や「ぜいたくは敵だ」などの立て看板がみられた。旧来の政策体系から大幅に変更すべく、個々の国民に是非を問い、自覚を促そうという風潮のなか、映画という映像メディアが着目され始めた。一般に、一九二〇年代から三〇年代は報道写真黄金期の幕開け期といわれるが、社会福祉分野の映像メディアはまだまだ希少の部類に入り、一九三九年当時、方面事業に関する映画が製作されたこと自体、注目される。同映画は通称「方面映画」といい、同誌第七巻第一〇号第四面には、その概要が以下のように記される。

　かねて本聯盟から芸術映画社へ製作委嘱中の方面映画「方面動員」は、本聯盟及び映画専門家会同して数回の研究会の結果、漸く一月上旬シナリオ作製を終了し、直ちに撮影に入って二月中旬までに完成発売される予定である。全長二四〇〇尺、三巻。大都会の工業地帯の一角にある貧民窟《ママ》に取材し、そこに住む人びとと幸も不幸も分ち合ふ一方面委員の献身的な活動を緯とし、それにからみ合ふ農村の方面委員の努力、貧民窟住民たちの多角的な生活描写等を経として、全編を構成してゐる。此の映画は、在来の架空物語劇とはちがって、戦時下に於けるカード階級・小売業者・農家等を生き生きと活写し、そこに活動する方面委員の寧日なき涙ぐましい奮闘ぶりを虚飾なく力強く描く「文化映画風な劇映画」といふ特徴あるものである。完成の暁は、方面映画にエポックを画するものと、目下各地からさかんな声援を寄せられてゐる。乞ふ、御期待を！

（全日本方面委員連盟　一九三九ａ：四）

つまり、架空の物語劇ではなく、実話・実例に基づくドキュメンタリーであり、「虚飾なく」や「文化映画風」との文言から、それが方面委員の活躍をリアルに示し拡めるツールとして大いに期待されたと把捉できる。そこには、製作者側の思惑が少なからず含まれていたと考えられるが、例えば、方面映画を撮るのに相応しい貧民窟の選定や、託児所・産院などでの小さな子どもたちの生活実態の把握など、人々の生活や暮らしを直視する現場主義の姿勢が、原崎の役割として日誌から読み取れる

（以下、参照）。

方面映画作製に関する打合会を開催す（一九三八年七月二一日）、方面映画製作研究会開催（同年一二月八日、同二〇日、於 本連盟会議室）、芸術映画社より本田氏脚本を持って来る。早速打合会をなす（一九三九年一月六日）、方面映画ロケーション・ハンチングに亀戸砂町方面のスラム及び方面館、託児所等を視察す（同一〇日）、板橋の岩の坂にロケーション・ハンチングをなす。谷田部の託児所を見て、深川の賛育会産院を視察す（同一一日）、シナリオ決済、統計図表校了（同一二日）、方面映画作製準備完成（同一三日、大日本印刷、済生会、ロケーション・ハンチング）、『方面時報』第七巻第一〇号第四面に方面映画の予告を掲載（同一五日）、富士に方面映画ロケーション連絡に三島に出張（同二四日）、銃後慰安映画会視察出張（同年一〇月一六日、諏訪郡宮川村）。（日誌Ⅰ：一九三八年七月二一日～一九三九年一〇月一六日）

『方面動員』の上映とその反響

上記から、原崎は、映画の原作づくりの他、脚本の摺り合わせ、ロケーション場所の選定、映画予告の方法の考案など、方面事業拡充のための土台形成に深く関わっていたことが分かる。そして、一九三九（昭和一四）年二月二一日、映画『方面動員』完成という形で結実する。同映画の構成は「方面映画（トーキー）（仮題）方面動員（三巻）監輯　財団法人　全日本方面委員聯盟　製作　芸術映画社　全長　二四〇〇　二月中旬完成・発売」とされ、「この映画物語『方面動員』は全三巻に亘る同映画内容紹介の為、読み物風に書き更めたものである」と解説される。続いて、「この映画は、長く赤子愛�聖旨を奉戴して、大正六年創設された方面事業がわけても長期建設下の銃後にあって、如何に適切に、如何に広く行はれつつあるかを示し兼ねて方面事業そのものの周知をはかり、事業の円滑なる遂行の為に、総ての人々の協力を獲んとするところに製作の指標」があったとその主眼が示された（全日本方面委員連盟　一九三九b：四）。

主な登場人物は「矢口方面委員（都会）（五〇）、工藤方面委員（農村）（四五・六）、岩田老人（六〇）、岩田上等兵（三八・九）、岩田細君（三四・五）、岩田　力（一四）、浅沼（三七・八）、浅沼細君（三五・六）、浅沼の女の子（七）、浅沼の男の子（四）」である（全日本方面委員連盟　一九三九a：四）。次いで、具体的な内容は、同誌上で四回に分けて連載され（同誌第七巻第一一号第四面、同第一二号第六面、同誌第八巻第一号第四面、同第二号第四面）、第一回の概要は次の通りであった。

その身軍籍にあるからは、東亜の天地に戦火あがる時、一命を鴻毛の軽きにおいて、天皇陛下に捧げまつり、前線に馳せ参ずる男子一代の本懐である。征途につく夫も、送る妻も子も、名伏し難い大きな感激に圧倒されて涙ぐみながら、万歳を叫び勇戦を誓った。いま、微塵も生還を期してゐない岩田上等兵の胸に、しかし、人の子とし、人の親とし人の夫としてただ一つの心残りがあるとは言ひながら、妻は親の許さぬ結婚をした為に、おのれは勘当の身、勿論入籍のしてあらう筈もないのだ。戦野に屍を晒すことはわが身のことである。だが妻は、一子は、何の貯へあるのでなく、寄る途もなく露にうたれ風に飄されて路頭に迷ふであらう。かたくなる故郷の親さへ許して呉れたら、よもやこの事の為に銃とる腕のにぶりはせまいが、それにしてもこの最後の望みが、心残りが胸にうづくのである。誰が彼の心残りを解釈してやらなければなるまい。それは岩田上等兵に立派な働きをして来て呉れと励まし送る銃後の人々の義務でなければならない。――方面委員の救ひの手が此処に差しのべられる。……

（全日本方面委員連盟 一九三九b：四）

結婚問題という繊細な内容を扱った同映画は、さらに次のように続く。

ここでは、大都市と地方都市の方面委員間の連携を示す内容が見られ、方面委員の涙ぐましい活躍が家庭内のきわめて困難な問題に対し、いかに効果的であるかが示されている。

矢口からの聯絡で、岩田の実家にもその地区の方面委員が最近屡々出向いてゐた。病める妻と一子の将来の為に入籍さして呉れる様にとの説得が続けられてゐた。それから暫く経った或る日、矢口は遂に力少年をつれて田舎の方面委員に案内されながら、岩田の実家を訪れた。このままにして置くことは、戦線にある岩田上等兵の働きをにぶらせる事にもなるのだ。謂ふならばそれは、天皇陛下に対し奉り勿体ない事なのだ。彼等の結婚を許して呉れさえすれば、病める妻も、この力少年も立派に名誉ある帝国軍人の妻であり子となるのだ。――諒々と説かれる岩田老人の頭は段々下って行くのだった。そして軈て、お爺さんと孫との笑顔――一つの仕事は斯うして解決されつつある。

（全日本方面委員連盟 一九三九f：四）

矢口方面委員らの説得が奏功した上記実例のように、『方面動員』は方面委員の有効性を描写したものであった。と同時に、「精神的自立的処遇が重んじられ、家庭改良が重視された」という同事業の趣旨を（吉田 一九七九：二三二）、映像メディアを通して立体的に伝達する重要な役割も担っていた。同誌第七巻第一二号第六面【試写室】でも「美しい芸術作品」と評され、好評を得ている。(注8) 原崎自身の満足度がどれ程であったかは定かではないが、同映画の場合、一過性の評価に終始せず、積極的活用策が講じられたことは注目される。つまりその後、同映画は全国の関係諸機関に遍く貸与され、(注9) 原崎ら関係者は方面事業の発展を大いに期待したことであろう。こうした生活者の実像や課題解決を映像メディアという拠り所を介し大勢の人々に見せようとしたところに、昨今、重視されるエビデンス・ベースド・プラクティスの一端を理解できる。

つまり、原崎にとって、一九三七年八月から一九三九年二月までの全日本方面委員連盟書記時代は、雑誌や映画などのメディア媒体を駆使し、方面委員の使命や目的をメディアを通じて明確に伝えようとしたこと、地域間格差を映画上映を通して軽減しようとしたこと、雑誌各欄の活用を通じ、全国と地方との連絡強化や情報交換の促進にも寄与していたことが注目される。換言すれば、当時から原崎は、方面事業に相当精通しており、この時すでに訪問型の事業・実践やアウトリーチ（援助者自らが地域に出向き、ニーズの早期発見に努める積極的なアプローチ）機能の有効性を認識していたと考えられる。にもかかわらず、介護福祉学研究会監修（二〇〇二：三五）は、原崎が戦後、「欧米の福祉先進国を視察し、イギリスにおけるホームヘルプサービス（地方行政機構がホームヘルパーの派遣の責任を負って一九二〇年代から始めたもの）についての実情をつぶさに見てきた」ことが家庭養護婦派遣事業の発足のアイディアになったとしている。したがって、原崎が欧米視察を介し、わが国初の組織的なホームヘルプ事業を構想することになった長野県社会部厚生課長に就任する前までの足跡をさらに明らかにする必要がある。よって、以下、長野県社会事業主事補時代から西筑摩地方事務所長時代までの原崎の任務や思想をとらえ直す。

地方勤務時代の思考と展望

一九三八（昭和一三）年一二月三一日、原崎は、自身の長野県への転出問題を懸念し、その後の日常生活の青写真を描いている。以下から、転勤時の彼の基本姿勢が窺える。

十二月になって急に進展した長野県転出の問題に就いては新春早々に決心しなければならない。（中略）県庁の主事で生涯を終ると残念だ。只地方実地を知るために三〜五年の勤務も面白いと思ふ。

又、一方若い間は社会に直接生きて具体的な仕事を働きたい。そして時機を待って文科をやったものらしく観念的、抽象的な仕事を楽しみたい。今都会生活に飽きてゐる。着実な自然に即した伸びやかな生活、少なくとも子供は田舎で育てたい。

（日誌Ⅰ：一九三八年一二月三一日）

ここから、都会生活への倦怠感の一方で、転勤を地方の実情を知るための好機ととらえ、地域差への理解を深めようとしている。その後、一九三九年一月三〇日付で全日本方面委員連盟書記を退職した原崎は、恩賜財団軍人援護会長野県支部主事を同年一一月三日に辞し、長野県社会事業主事補に任命されている。他方、この頃の原崎は、けっして長野の地に留まっておらず、全日本方面委員連盟にも度々足を運んでいることが『方面時報』の「本連盟来訪者」欄から窺える。

さらにその後、一九四一（昭和一六）年三月七日付で原崎は茨城県庁に転勤する。この時の理由は判然としないが、「本日付主事任官。話が出てから相当長い月日であった。でもまあ本極りになって一段落だ。福山先生の御力添は大変なものであったのである。茨城県は不安だが必ず出来る自信がある」と原崎は述べ（日誌Ⅰ：一九四一年三月七日）、新境地で過去の体験を活かそうとしている。この日から約半年後の一九四一年九月三〇日まで日誌が書けないほど彼は多忙を極めている。九月三一日の日誌には、この半年間で成し遂げられた成果として、「年度始めの春期保育所」「満州視察」「風水害」の三点が挙げられているが、その一方、原崎は、一九四一年一二月八日を「歴史的なる日」と位置づけ、日米戦に思いを馳せている。(注10) 戦時下の日本社会で彼は、こうした様々な経験を積み重ね、やがて念願であった長野県社会部厚生課長へと昇進し、欧米社会福祉施設研修に臨んでいくことになる。

方面事業との関わりからみた原崎の役割

以上、本章では、一九三八年から一九四〇年代にかけて、社会事業が厚生事業に再編されるなかで顕在した戦時下における方面事業の危機的状況と、一方で人々の問題解決や生活向上に根ざした銃後生活の充実・強化を図るべく、全日本方面委員連盟の果たし得た役割並びに同書記を歴任した原崎の思想及び実践をとらえ直した。

自由主義の急速な普及に危機意識を覚えた原崎は、国内視察や調査を通じ、欧米先進諸国の豊かさの背後に、政治・経済・思想の強化と地域差への考慮があることを認識していた。これは、国家繁栄に関し、武力増強に終始するというきわめて狭い考え方に警鐘を鳴らすものであり、「長所に溺れ過ぎず、其の欠陥への対策」を講じたことや（原崎 一九三七ｅ：四）、地域差への理解を「全国方面動静」欄により深化させようとしていた。『方面時報』の編集を手がけた原崎は、戦時下日本社会に見合った地方的実情や人間の根源的な共助を見出すべく、「全国方面動静」欄や「編輯後記」欄の積極的な活用を試みていた。加えて、雑誌メディアの限界を超えるべく、方面映画『方面動員』を製作・上映し、広範に及ぶその貸与により、映像や音声というエビデンスに依拠しながら、多くの関係者の意識啓蒙に寄与した。反面、当該取り組みは継続性なしには各地に根付かない。ましてや、地域差・個人差を不問にしては進展を望めるべくもなく、欧米視察以前の原崎は、実話・実例を基に、戦災者や苦難者へのエンパワメントの視点から、方面事業の普及に精力的にとり組んだことを明確にした。彼がホームヘルプ事業着想の基盤を、自国における方面事業との積極的な関わりから醸成していたことを、全日本方面委員連盟書記時代にとり組んだ雑誌編集や映画製作といったメディア活用の視点から実証した。

第四章　地方への栄転と国内状況視察

栄転と軍事援護

　社会事業から厚生事業への改称は、一九三八（昭和一三）年の厚生省設置以後のことであり、厚生理念の解釈では、「人的資源の保護育成」と「生産力の拡充」の二点が強調された（吉田　一九六〇：一七八）。端的に言えば、戦時体制への協力であり、強兵政策や生産力的視点が重視された。当然ながら、戦時下では「労働加重、生活物資の欠乏、消費水準の低下が昭和初頭の危機時代から生活の低下の上に加重していった。農村所得は増大したが、戦時下の農村生活は窮乏化した」状態にあり（吉田　一九七一：一四六）、長野県社会事業主事補であった原崎の周辺にも同様のことがいえた。さらに日誌を紐解くと、「先づ軍事援護の勉強を始めた」(注11)と記した原崎の当時の心境を綴った箇所には（日誌Ⅰ：一九三九年一一月五日）、高等教育を受けた人間としての責任感を強く感じながら、次のように書いているのは興味深い。

> 社会事業主事補の任命は何としても自分にとって一つの転機である。公務員としての義務と格別任務と責任、相当重きもののあるを感ずる。格別といふよりは自分の保証に対する吏員としての人格の向上が先づ自分を《ママ》相当重き責任感を抱かせる。一般の県職員とは違った分野に於てその職責を伸ばさなければならぬ。この県に生れ、高等教育を受けた者として二つの責任が、他の職員と違った位置に置かせられてゐる。先づ仕事の上の勉強をしなければならぬ。差当って方面事業に関係する法規類は勿論、方面事業に関する常識を向上しなければならない。…
> （日誌Ⅰ：一九三九年一一月五日）

つまり、ここから原崎は、社会事業の必要性を当時の国民生活からのみ見出していたのではなく、自身の過去の学習体験や思考経験を実際に活かす場として、社会事業主事補の任務をとらえ、没頭しようとしていたと認識できる。原崎は社会事業の進展を求めつつ、自分の職責を果たすことが正しい人の道であり、職務経験を通じた生活の安定を希求していたと考えられる。このことを象徴するように、「…連合方面事業研究会（一九三九年一月一二日）、上田市方面委員会（岸田主事とともに調査週間指示、同年一一月一一日）、長野市方面委員会（同年同月一二日）」などと記し（日誌I：一九三九年一月一二日～一一月一二日）、原崎は積極的に職務を遂行している。こうした現場主義に基づいた勤務態度は、戦後、欧米社会福祉視察研修を行った際の彼の基本姿勢と共通するものである。

このように、国内の各地方の実状をていねいにとらえた原崎は、今後、自身が地方行政官としてどのような日常生活を送るべきかについても言及している。「自分の学校の専攻的学問の実際研究にも仕事を通じて生かして行かなければならぬ。そして、自分の好きな芸術方面の興味も楽しみたい。長い間の過去の雑然たる摂取物が今後に於てあるまとめの方向に進んでゆくのではないか、とも想はれる。地位の向上に汲々たるものではない。生活は決して地位だけではない。只そのことが一つの落着きをもって自分の生涯の見透しを興してくれた様に想はれる。…」と述べる（日誌Ⅰ：一九三九年一一月五日）。

つまり、原崎は与えられた任務を実直に遂行するだけではなく、自ら学んだ哲学などの学習経験を基に、実践力や創造力を育むことを重視している。しかし実際に、原崎の構想や念願がどの程度実現されたかは計り知れないため、日誌の記述をよりつぶさにとらえ直さなければならない。その後の原崎は、長野県社会事業主事補、社会事業主事高等官八等待遇（茨城県庁）などを経て、西筑摩地方事務所長に就任しているが、一九四二（昭和一七）年一月一日の日誌には、戦時下での原崎の思想が顕著に表れている箇所がある。彼が用いた「奉公」という言葉から、少なくとも軍事援護を批判しようとする思想は窺えない。

旧臘八日、英米に対し宣戦布告の大詔を持してより、この歴史的大事業たる大東亜戦争は早くも其の戦に於て大勝を博し、国民挙げて其の感激に浸りつつ、この光輝ある元旦を迎へたのである。我が一家もこの新しき感激裡に太平洋に面した新住居に於て、今年こその意気を以てこの元旦を迎へた。先づ一家として今年の方針は生活の建直しの実践である。即ち経済生活の堅実を針《ママ》り以て戦時下国民としての奉公を祈念するものである。（日誌Ⅰ：一九四二年一月一日）

さらに、西筑摩地方事務所長着任時の一九四五（昭和二〇）年四月一日の日誌には、「…去る九日夜よりの帝都空襲は不幸にして被害甚大死者十万を数えた。…この決戦の中に殊に強い行政と呼ばれてゐる中に皇土の一郡を分担する作業の非常に重いことを想ふ時心の引き締まる思いがする。」と記述している（日誌Ⅰ：一九四五年四月一日）。これらから、戦時体制への従順な原崎の態度を看て取れる。しかし重要な点は、日誌内の言葉や記述の意味通りに狭い範囲で公務に専念したと限定的にとらえるのではなく、その背後にある真意に接近することであろう。原崎は次のように本心を覗かせる。

すなわち、「今年は食糧を採らねばならぬ」、「経済課の弱体には困った」などの記述から（日誌Ⅰ：一九四五年四月三日～五日）、地方行政官としての原崎の懸念が戦争の勝敗のみならず、市民生活の混乱や地域生活の窮乏などであったことが認識できる。「戦争の深まりと共に厚生事業対象の焦点は医療問題、児童問題に集中し、伝統的貧困は隠蔽化され、第二列的存在となり、…対象者の公表は、厭戦的感情を招くとして隠蔽された。」と吉田は戦時下の貧困問題の根深さを指摘するが（吉田　一九七一：二五二～八七）、すべてが隠蔽されたわけではなく、そうした隠蔽工作によって要保護者層の問題は解消されず、こうした国民生活の実状を憂えていた原崎の認識を看取することが重要である。ただし、日誌のなかで「奉公」や「皇土」などを用いた終戦直前の原崎は、日誌上の記載事項の外部への漏洩を危惧したとも考えられるが、同日誌からは反戦論者ではなく、軍事色の色濃い厚生事業に対し、あくまでも公務として全うしようとしていたととらえられる。

敗戦体験を通した心境と思考の変化

終戦間近の原崎は、「沖縄の激戦を想ふときこうしては居られない感がする。艦船二九〇以上尚五〇〇やったら米国も悲鳴を揚げやう。田舎廻りの役人生活まぢりっこい。『半蔵』のいら立ちの気持ちも想はる。」(日誌Ⅰ：一九四五年四月一〇日)、「…義勇隊の会議をしつつ、本土決戦の機を痛感しつつあり。」と記述し(日誌Ⅰ：同年六月二六日)、終戦直前においても諦観の念を抱いていない。しかしながらついに敗戦を迎える。

一九四五（昭和二〇）年八月一五日の日誌には、「十四日の戦争終結の大詔を正午国民学校にて拝す。勝野、米林、櫻井、諸兄と戦時食打合をしてゐる所への新聞社からの重大ニュース。恐らく我が歴史始まって以来の未曾有の事件と言ふべし。打合会も中止して只落ち着く間もなく午后を送る。」と現実を受け止め（日誌Ⅰ：一九四五年八月一五日）、遺族慰問のための開白村出張（三日間、一九四五年八月二六日〜）、軍人援護主任者会議（同年九月一日）、警察と共催での兵士主任会議（同年九月一一日）などの公務を遂行している。

一連の戦争体験に対し、戦時厚生事業が犠牲にしたものこそが、「社会福祉の自己否定とも言える個の尊厳にねざす生活支援の姿勢であった」（池田・池本　二〇〇二：一九六）と、また「日本社会事業は戦争下においてて困難なことではあったとはいえ、あまり抵抗もなく戦時厚生事業に身をまかせてしまった」（吉田　一九七一：一九二〜二一三）などと人々の主体意識の低さを指摘するものがある。しかしながら、「敗戦約一ヶ月、本年の為に新日本の建設方向を根本から切換へなければならぬ。にも拘ず、吾等の事態に即する努力如何。…」と記した原崎の記述からは（日誌Ⅰ：一九四五年九月一二日）、単なる主体意識の低さだけが問題ではなく、目前の実状に対する即応性や柔軟性の不足に対する彼の危機意識が認められる。

さらに、終戦から一年後の日誌には、「…経済、食糧、文化、全面に亘り、新年日本、民主日本一年の歩みを今後の指標を深く考慮するところがあった。自己自身の自重を努力に一層の深きものを要請して止まない。」と記述され（日誌Ⅰ：一九四六年八月一五日）、新生日本再建のための原崎の決意が汲み取れる。ここでは、わが身を振り返り、自重の努力を重視しつつ、日常生活の再構築を念願している。

ただし、その道のりは平坦ではなく、「戦後改革は占領政策の一環としておこなわれ」（右田・高澤・古川　二〇〇八：二九五）、「主体の側で充分厚生事業的発想を清算せず、…アメリカ社会事業によって『福祉対象』

として思想的造型をされた」（吉田 一九七一：二四二）と日本固有の社会事業の不備を指摘する。その一方、「戦後貧困認識は、…単に占領軍から『貰ったもの』『押しつけられたもの』ではないのである」と言及している（吉田 一九九五：一八四）。(注12) つまり、ここでは貧困・困窮に対する日本固有の理解や認識という考え方が重要であり、この論述に基づけば、当時の原崎にも貧困・困窮に対する独自の見解があったとしても不思議ではない。では、「自己自身の自重」の最大限の努力を自覚し、新生日本の再建を強く志向していた原崎はその後、どのような実践を展開していったのであろうか。

渉外課長就任と妻の病臥

一九四八（昭和二三）年一月二〇日、原崎は長野県渉外課長に着任し、同県社会部厚生課長に就任するまでの約一年間、その職責を果たしている。文字通り、渉外課長とは諸外国の要人との折衝・交渉などを主務とする重責な公務であった。一方、「この職（渉外課長）にある間にどうか英語をものにしたい。会話を覚へるのと併行して単語を多く記憶することだ」（日誌Ⅰ：一九四八年二月三日）、「英語が出来なければと会話の本を見てゐるが、記憶力が減じて上達しないのが残念だ。とに角忙はし《ママ》過ぎることもあるが、集中することが駄目になってゐる。根気より他にない」と語学力が上達しない焦りを自覚している（日誌Ⅰ：同年一〇月一四日）。しかし、たった一年間ではあったが、英語力が必要な職務に就いた経験が、のちの海外視察時に活かされたと推察される。

他方、「民主主義体制の構築と経済復興を最大の課題とした」改革が進められ（池田・池本 二〇〇二：二〇〇）、「貧困者個人の『個』的生存権が憲法で規定され、そして、ニーズやクライエントの用語が流行した」とされた当時の社会情勢下では（吉田 一九九五：一八三）、個々の家庭生活や社会福祉事業への少なからぬ影響がみられた。実際、当時の原崎家においても衰弱した妻が病臥し、「保健所長が所長室を訪ねて、レントゲンの結果を話して呉れた。運命の宣告の様な打ちのめされた様に茫然としてしまった。」と記述していることから（日誌Ⅰ：一九四七年六月六日）、原崎自身、相当困惑していた。「子供を三人二階に寝かせて子守をしてゐたが、末の子が遂に眠りつかず病人の母のところへ行ってしまった。子供の寝顔を見てつくづく気の毒になった。胸が一杯になってしまふ。不幸な子供三人。国の敗戦の苦しみのなかに家庭は又病魔である。」との記述から（日誌Ⅰ：一九四七年六月六日）、病身で育児に携われない母にすがる子どもへの不憫さや不運を痛感し、家事・育児が困難な母親の実状から、このことが子どもにどれ程大きな空虚感をもたらすかを悲観的に想起している。

加えて、原崎は、母親としての機能が十全に果たされなくなった妻から、家庭生活の中心的存在の大きさを実感している。「子供三人、しかもまだ四歳の女児がゐる。不吉なことではあるが、若し死んでしまったらどうするのか？　全く五里霧中だ。金もなし。財産もなし。力もなし。」と記述し（日誌Ⅰ：一九四八年二月二八日）、原崎にとって妻喪失がいかに大きな痛手であると実感していたのかが如実に窺える。原崎はわが身を振り返り、「健康は各自のものである」、「私は健康に注意しなければならない」などと記し（日誌Ⅰ：一九四八年二月三日～二八日）、自身の健康管理に努めようとしている。なお、苦境に立たされたこの頃の原崎は、以前にも増して読書欲が高まっており、こうした読書経験や試行錯誤も彼の思想形成に寄与していたと考えられる。(注13)

妻の死に直面した原崎の苦悩

既述のような苦悩体験や思想形成がみられた原崎であったが、一九四八（昭和二三）年三月二七日、彼の願い虚しく妻は死去し、原崎自身、幼子三人を抱える父子家庭となる。配偶者の死という惨事に遭遇し、

「奥さんお別れ記念」集合写真、後列左から３人目が原崎、1947 年６月12 日、西筑摩地方事務所長時代の秘書・仲田和子氏（前列右端）所蔵

「自分に力が足りなかったこともある」と自責の念を抱き（日誌Ｉ：一九四九年一月一日）、約三ヶ月間、日誌が書けないほど落胆している。その後、原崎の母による若干の支援があったとはいえ、地方行政官としての公務と、家事・育児を一挙に担わなければならなくなった原崎の生活実態や日常生活観は大きく変化したことは想像に難くない。とりわけ、原崎は以前にも増して、わが子への思いやりや配慮を強くしていた。それは、母亡き子どもたちを憂い、父親としての

精一杯の愛情提供であり、「母の愛」というキーワードに焦点をあてると、以下の文章にそれが顕著に表れている。

日記も書けないやうな悲しみの五十日を過ごした。今日、野尻へジープで行っての活動の後、机の前の妻の写真につくづく見入って人の命の弱さを想ひ、自分の今後の生活や子供の将来を想像して戦慄を感じ、子供が大きくなって母を想ふことの悲しみが胸を一杯にしてしまふ。学校から娘へ、嫁入りと悲しい思ひに続く女児二人、腕白ながら事毎に温かい母の愛を亡くした修一、(注14)自分の悲しみよりも児達の心の底に浸みて浮き出る母なき悲痛を思ふことは胸ふさぐものである。…日照り続きの乾燥した空に今夜は月が雲間から時々皮肉な顔を出してゐる。男一匹が何ぞ悲しみのみひたるべきぞ、と痩我慢してみても独りで想ふ思ひはいつも只人生のはかなさと悲しみのみである今日此の頃である。

（日誌Ⅰ：一九四八年五月二一日）

すなわち、原崎の苦悩の中心は妻を喪失した自分自身の悲しみというよりもむしろ、母を亡くした幼子たちへの憐憫感であったと考えられる。一方、苦痛や後悔を留まらせるのではなく、将来の人生へと活かすことが肝要であるとし、「今更人生を人生のはかなさや運命を改めて知るよしもないと言ふことは出来ない。この人生を亡き妻を想ふ、気の毒な思ひも恐ろしい死への妻の気持ち思《ママ》ふと、人生を生きたい、そして子供への愛と人への愛が従来より深いものにならねばならぬ。」と思考している（日誌Ⅰ：一九四八年五月二一日）。他方、「妻の死から自分は小説を書いてみたい衝動で一杯だ。木曽の所長時代から日本は全く大変事をしてゐるが、戦争からポツダム受諾、国内の民主化等々大きな変化である。」と記し（日誌Ⅰ：一九四八年八月三一日）、新時代の幕開けを想起している。

甲府出張と『カントの日常生活』

子どもへの愛情を注ぐことに力点を置きつつ、読書や執筆にも意欲をみせていた原崎は、一九四八（昭和二三）年一〇月一一日に、第一回渉外課長会議（於・甲府市）に参加し、その後、同一八日に長野県知事に同伴して、軍政部の教育官会議に出席するなど戦後処理に追われていた。相変わらず多忙の原崎ではあったが、甲府出張時にある一冊の書籍に出会い、その一冊から多くの示唆を得たという。（注15）それが『カントの日常生活』（注16）であり、父子家庭の原崎にとって大きな共感を得たことが次の記述から窺い知れる。

先日（一九四八年一〇月一一日）甲府に第一回渉外課長会議加わり。その時あの町で『カントの日常生活』を買って汽車で詠《ママ》んで学ぶものが多かった。どうかしてあの厳粛な彼の生活にあやかりたい。それは生きるためである。今、自分の身体も若い時の様に健全ではない。直きに風邪をひく。何だか妻の病気が感染してゐるのかと想ひ、そして一層発病しないやうに自重しなければならないと思ふ。その時、カントの生活規範の履行がこの上もなく感謝される。感銘される。何とかして子供が一人前になる迄立派に生活をし、命生きたい念で彼の意志の強さと完全さに指標《ママ》としたいと強く思ふ。渉外といふ物凄い勤務のうちにも出来得る限りの節度的生活が理念される。日課表も作りたい。そして意志と実行力の、カントの実践理性の強固なる修練が、自分を救ふのであらう。そして出来得る限りの勉強をしたい。

（日誌Ⅰ：一九四八年一〇月一四日）

つまり、原崎は、生きるための正しい生活規範を履行し、親として子どもたちの模範的存在となることに努めようとしていた。ここでは、強い意志や堅実な実行力が要となり、上記のような節度ある生活とは、日課をこなしつつ健康で住みよい豊かな家庭を築くことを理想とするものであった。妻の一周忌に際し、原崎は、「…想い深きものがある。官吏、公務員と十年の年月、自分のこの職務への適否が今更反省させられる。…真に生き甲斐のある、自分の理想と結果のへだたりのない仕事に画せる仕事がある筈である。自分はそれを探究しなければならない。」と自省的に記述している（日誌Ⅰ：一九四九年三月二五日）。ここから彼の謙虚な態度を基盤とした旺盛な探究心・向上心を認識できる。ただし、欧米視察以前の原崎にとって、日常生活改善の具体策が不明瞭であったと推察され、こうした苦悩や模索がのちの彼の生活や職務の底流をいかに形成していったのかを次に述べる。

長野県社会部厚生課長就任とハウスキーパーへの着想

ここまで、ホームヘルプ事業創設の背景にあったキーパーソンの思想を紐解くことを意図し、戦間期から終戦直後までを中心とした原崎の思想展開並びに生活変容をみてみた。彼の思想形成では、転職や敗戦など

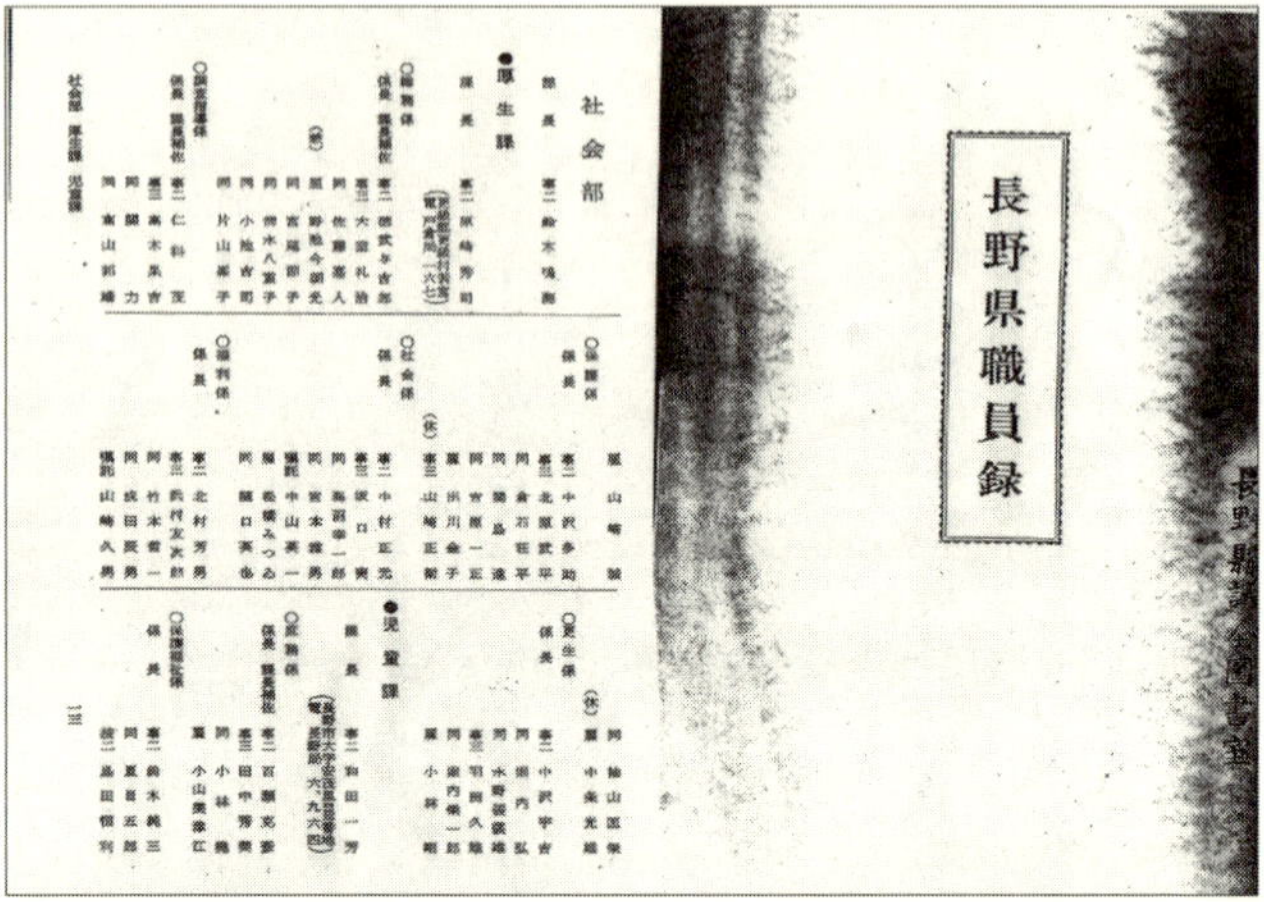
長野県職員録

社会部

『長野県職員録　昭和29年10月1日現在』に記載された原崎の所属と住所（旧番地）、長野県人事課、1954 年、2 頁（長野県庁図書室蔵）

当時の多くの人々が経験していた実体験が影響していたが、これらのみならず父子家庭の父親としての苦悩や子どもへの憐憫感こそが、原崎ならではの思考や着眼をもたらし得たと認識できる。イギリスのホームヘルプ事業を戦後日本社会に導入し得た原崎の思想を掘り下げるためには、原崎を簡潔にとらえるのではなく、同課長就任前後の彼の内面や周辺事情も含めて精査しなければならない。例えば、原崎が同課長をどのような心持で拝命したのか、また同課長就任に際し、彼はいかなる目標を立てていたのかなどについて明確にする必要がある。こうした検討により、彼の思想や信条にアプローチすることにもなろう。そこで、再び日誌を紐解くと、一九四九（昭和二四）年三月三一日付の記述のなかに、厚生課長就任が原崎にとって念願のことであり、その職務遂行に大きな期待を寄せていたことを窺わせる箇所がみられる。

　今日は自分の生涯にとって最も忘れ得ない感激の日である。特別調達庁長野連絡官事務所長と渉外課長を止めて厚生課長就任の辞令を受けた日である。無罪放免と言ふと何となく罪あるものの如くであるが、実は之も今になっては運命であった。でもこの危険な任務を一年と三ヶ月十日。どうやら務め上げたことに就て誰も言はなくも自分でよかったと想ひなしてゐる。誰からもほめられなくもよい。自己満足でよい。思へば家内を失ったことは、この期間に於ける自分の最大惨事である。然し、これも西筑摩以来の病気である。何も渉外なるが故に死んだとは思へない。…

（日誌Ⅰ：一九四九年三月三一日、傍点筆者）

このように栄転を繰り返しつつも、原崎は妻の死を憂い、母親という家庭内でのまとめ役の不在に大きな不安と懸念を感得していた。加えて、父親の務めとして前途有望な子どもたちの成長・発達を促進しなければならないと考えていた。反面、ここ数か月間で原崎はある一人の女性と出会い、一九四九（昭和二四）年一〇月八日、その女性と二度目の挙式を行い、家庭内での母親不在状況を脱却している。つまり、原崎の場合、母親不在という逆境を再婚により乗り越えようとしたことが分かる。ただし、すべての場合において、再婚が可能というわけではないため、原崎はこの好機を境に、日々の生活の再構築に力を注いだと考えられる。

「茅屋でも清潔に正しく生きて行くことが大切であり、健康で文化的なことが一層大切である。だんだん健康な明朗な家庭にする努力を忘れないことだ。」と記述し（日誌Ⅰ：一九四九年一〇月六日）、日々の努力を重んじている。その二日後の同年一〇月八日の日誌には、「ハウスキーパー」という用語を初めて使用しており、特に注目される。これはのちに原崎が『信濃毎日新聞』（第二六六〇八号、一九五六年三月二八日、第二面）紙上で、家庭養護婦が「母親代わり」であり、その主務が「食事の世話や育児・洗濯など」とした記述と類似点が窺える。すなわち、原崎の実体験に基づくハウスキーパーの必要性という思考が起点となり、その後、欧米社会福祉視察研修を介し、彼のホームヘルプ事業着想へとつながっていったという文脈でとらえられる。その背景には、以下のように、再婚した妻が家庭に入ることで、安心感を得、円満な日常生活や人生設計を想見していた彼の展望があった。

今日は子供の遠足で四時に母と起きて母は勝手、自分は日記を書き、明日のための片付けなどしてゐる。今日は式をするの《ママ》日だ。(注17) やっぱり正しいハウスキーパーがないことは凡てが他人行儀で温かみがない。ただし、慣れ過ぎて我ままになることもいけないが、今朝自分は非常に落ち着いてゐる。二、三日して行事も片付き母を感謝して送り出したらどんなに落ち着いた生活が出来ることか。皆健康でといふことが自分は一番考へる。（日誌Ⅰ：一九四九年一〇月八日、傍点筆者）

原崎は、家庭の温かみや精神の拠り所として、ハウスキーパーを重視し、再婚を通じて、本来的な家庭生活の構築が徐々に成就されていくのを実感していた。原崎は実生活に基づき、家庭内での絶対不可欠な存在である母親像を土台として、円満家庭を家族という基礎構造のなかで認識していた。加えて、健康で明朗な家庭像を想起することで、ハウスキーパーの必要性を着想するに至っている。その際、前記『信濃毎日新聞』

紙上でも、原崎は家庭養護婦には「未亡人などが最適任者」と述べるなど、[注18]職業人としてのハウスキーパーのニーズと、ハウスキーパーが必要な不遇な家庭のニーズとをうまく調整しようとしていたことも注目に値する。これは今日の地域援助技術の方法論の一つである「地域ニーズの把握」を地域住民の視点や緊急性の観点から実践できていた好例といえよう。[注19]

原崎がイギリスのホームヘルプ事業に感嘆したことが同事業導入の契機（森　一九七四：三、山田　二〇〇五：一七八〜九八）であると述べられているが、本書のように、戦前の彼の体験や思想を日誌の記述から跡付けた場合、必ずしもそうとは言い切れない。むしろ父子家庭の苦しさや一人親家庭の大変さを実感していた原崎だからこそ、家庭内でのハウスキーパーの必要性を痛感し、日常生活の向上を志向し得たのであり、この実生活上の経験がホームヘルプ事業着想の有力な背景要因の一つになっていた。さらに、原崎による欧米視察後の一九五六（昭和三一）年四月に県域的に通知された家庭養護婦派遣事業の存在は、単に先進的であったというだけではなく、生活者の視点を重視した「地域ニーズの把握」という形で、今日の社会福祉援助の基本原理への理解や方法論の検討に通じていたところに今日的意義が認められる。

以上、本章では、原崎直筆の日誌の記述を紐解きながら、ホームヘルプ事業への着想を可能にした背景要因として、戦間期から終戦直後までの原崎の思想展開とハウスキーパー構想を考察した。性質や本質など物事を正しくとらえる哲学的思考を基としていた原崎は、敗戦や妻の死などの劇的な生活変化に対しても、自重の努力を怠らず、強固な意志や理性を保ちながら節度的生活を目ざしていたことを明確にした。昭和初期の唯物弁証法的社会事業思想では主体的条件が未成熟であった(吉田 一九七一:一一二)と言及するが、自己変革の必要性を大前提としていた原崎思想では成熟の兆しがみられた点や、吉田(一九七一:一九二〜

二一三）が問題視した当時の日本人の主体意識の低さのみならず、敗戦後、眼前の実状に対する即応性や柔軟性の不足を原崎が危惧していた点などが明らかになってきた。

戦後、連合国軍総司令部（ＧＨＱ）が指示した「社会福祉六原則」主導の法制化が進展していたなかで、原崎は長野県という地方都市の実状を改変させるための漸進的な姿勢を維持し、問題や矛盾を生み出す要因を体制や社会構造といった外的要因のみならず、自省を通し、努力、学習、創意工夫といった内的要因からも見出しながら、変革の道のりへの起点を日常生活のなかに置いていた。その意味で、戦間期から終戦直後までの原崎の思考や生活は、「ホームヘルプ事業」の草案づくりの一端そのものであったといえよう。公務という義務的側面もあったが、厚生事業から社会福祉事業への転換期において、転職や敗戦といった大勢の人々が経験した体験に加え、妻の死と一人親家庭の苦しさという、他言し難い原崎ならではの苦悩体験があったからこそ、彼独自の視点と着眼をもたらし得た。すなわち、今日にも通ずる生活者の視点を重視した「地域ニーズの把握」を積極的に努めつつ、一人親家庭の大変さや子どもへの影響を懸念した原崎が苦慮した末に導き出されたのが、「正しいハウスキーパー」の必要性という考え方であり、ハウスキーパーがいない陰鬱な家庭や不遇な一人親家庭への配慮が、結果的に戦後の新たな事業形態としてのホームヘルプ事業への着想の伏線になっていたと把捉できる。

そこには、戦前の原崎が『知性の改造』を読んで学んだ物事の性質・本質を見抜く大切さや、『カントの日常生活』から修得した強い意志と実行力の影響が窺えた。本来ならば、両親の愛情に満たされて育つのが子どもという存在であり、不遇な家庭環境の子どもたちを想起し、それは決して自己の責任ではなく、社会的に救済すべき対象であると考え、のちのホームヘルプ事業への着目の導火線として、少なくとも「ハウスキーパー」不在の状況は回避しなければならないと切願した原崎の思想観から形成されたものであった。

第五章　欧米社会福祉視察研修

（一九五三年九月一九日〜一九五四年五月一日）

スイス視察の目的と成果——国民性と地域性

こうした経験ののち、約一年間の留学準備期間を経て、一九五三（昭和二八）年九月一九日、羽田を発った原崎は、異国の地で社会保障や基本的人権の実現のあり方をまざまざと実感することになる。

国連事務局発行の International Social Service Review No. 1, 1952. に掲載されたホームヘルプサービスに関する調査報告書によれば、ホームヘルプサービスは一九世紀の終わりにスイスで始められ、一九二〇年代またはやや遅れて、フランス、ドイツ、オランダ、スウェー

欧米視察に旅立つ日の原崎一家
（1953 年 9 月 15 日、於 原崎宅庭）

デン、イギリス、アメリカ合衆国などに設けられ、今日では、オーストラリア、ベルギー、カナダ、チェコスロバキア、デンマーク、フィンランド、ノルウェー、ニュージーランドでも行われているとされた。そもそも彼がスイスに立ち寄った理由は、一週間、国際連合欧州事務局で奨学生の基礎訓練コースを受講するためであった（原崎 一九五五a：二三）。当該視察は、日誌の記述から、一九五三（昭和二八）年九月二二日〜一〇月二日に行われ、主な視察地は、国際連合欧州事務局（一九五三年九月二二日〜一〇月二日）、児童福祉施設（保育所、一九五三年九月二二日）、首都ベルン（一九五三年九月二九日）であったことが分かる。原崎はスイスの雰囲気を戦前日本のそれと類似のものと感じながら次のように述べる。

…実に礼儀正しく愛想よく、柔和で、余裕があるため、人々に対して実に親切である。我々のように十数年の間体験した貧苦欠亡《ママ》からくる人間感情のにがい後味を全くもたないという人々である。この美しい感情は二十年程前の日本人の生活にもあったが、戦争でそんな感情をもち続けることが許されなくなって、いつともなく消えて行った生活感情である。忘れかけていた過去の想い出がこの国に来て想い出されてなつかしい回顧的な雰囲気に包まれた。…

（原崎　一九五五ａ：一二三）

こうした平和で安定したスイス人の生活を、「国民の道徳の程度が高いお蔭である」（原崎　一九五五ａ：一二四）としている。一方、ここでの研修

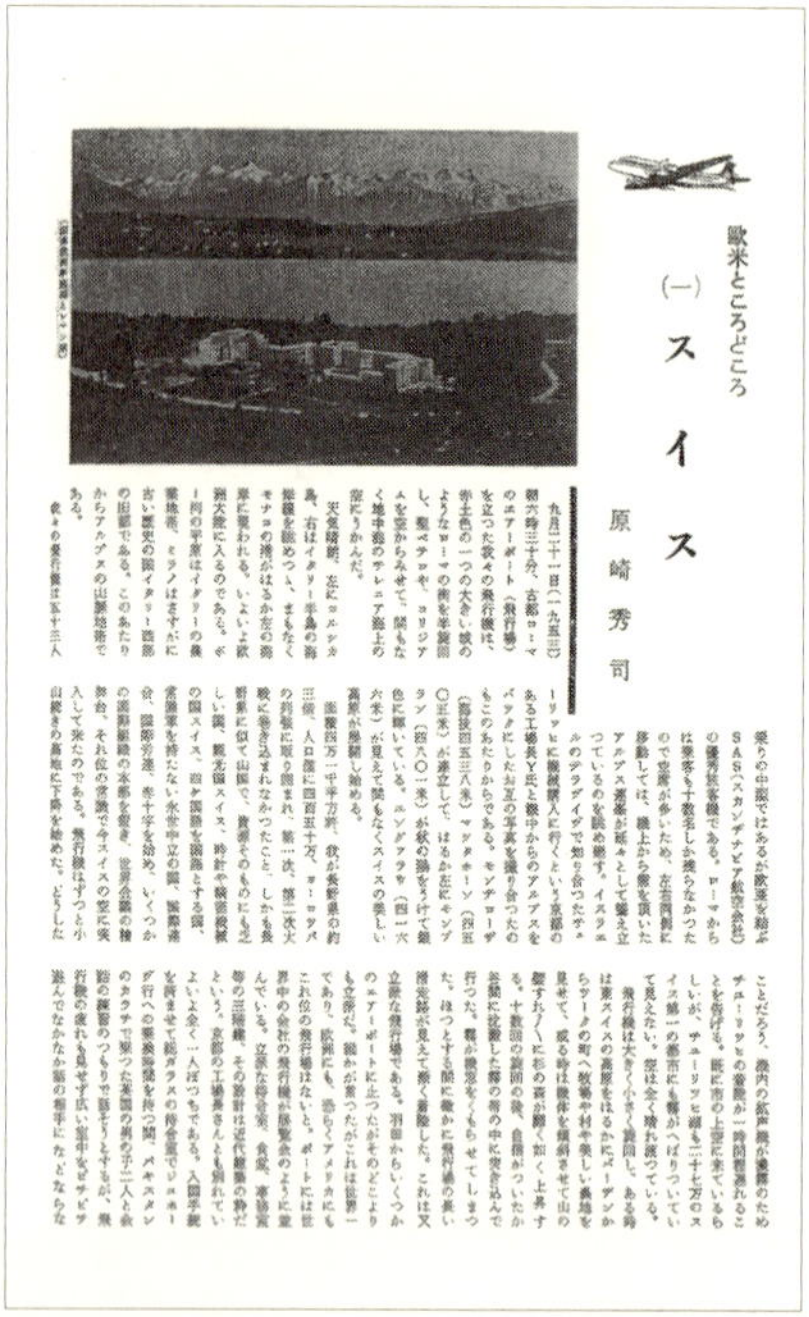
欧米ところどころ
（一）スイス
原崎秀司

「欧米ところどころ（一）スイス」『信州自治』第8巻第2号、1955年、22～25頁

内容は、「二十五日から十月二日迄ときまり、第一日は社会局長のモー《ママ》リス・ミルホード氏の歓迎の辞に初《ママ》まり館内の案内、第二日は各国からのフェローの自国に於ける仕事の報告がある。印度三、シリア一、ブラジル一、アイスランド一、パキスタン二、セイロン一、イラク一、ノルウェー一、オーストリア一、朝鮮二と日本から私と他に遅れて参加した国警本部からのスカラ（留学生）関沢君の十六人である。其の後は種々の専門機関の説明や視察討議等が続く。」（同上）というものであった。一九五三（昭和二八）年

九月二九日に首都ベルンの高等工業学校を視察した原崎は、工匠的技術について、「これは長野県によく似て、燃料や原料資源に乏しいこの国が探求した水力エネルギー源の利用であり、もう一つは我が長野県にないところの、この国のどの地方にも伝統として研究と工夫を永く続けて来た工匠的技術の活用に起因するのであるという。このことは私を非常に羨ましがらせ、私に最も深い感銘を残している。」(同上)と記している。

さらに、同校視察後の原崎は、「ここの高等工業学校もこの国に特に発達した高等科学に基礎をおくことは勿論であるが、一方には、教務主任が説明するように、職人上りの先生がその体得した技術を学生達に伝承するシステム等があって、スイス独特の応用的、実践的な訓練が全体として感じられる。また一方学生の実習態度をみると、その注意深さ、一瞬も仕事から眼を離さぬ実習に対する熱意等工業に対する青年の真摯さ、研究心の強さがうかがわれた。」(原崎　一九五五a：二四～五)と述べる。

つまり、原崎はスイス人の技術水準の高さのみならず、優れた技術の伝承方法や学習者の誠実な態度を習得している。「幾世紀にわたる倹約により蓄積された資力は戦争に荒らされなかったし、逃避地を求めて来た外国資本の流入によって、資本はますます増大した。」とスイスをとらえ、「労働者、従事者の良心的な勤労、どんな細密をも嫌わない勤労があり、その辛抱強さ、注意深さがある。そしてこれと共に経営者達の原料と賃金との節約による経営の合理化がある。」（原崎 一九五五ａ：二五）とその豊かさの要因を探究する。

また、アール川湖畔にある保育所を見学し、「工場も保育所もよしこの国の人すべて喜び働くごとし」（日誌Ⅲ：一九五三年九月二二日）と詠み、「社会福祉事業の方向も自から他と異なった面に発達していて、勤労者に対する福利施設等がよく完備している。保育所の如きもその衛生、育児設備など清潔で明るく、よく訓練された十分の数の従事者、収容乳幼児の栄養、健康等、我々の児童福祉事業の将来の理想として学ぶべきものが多い。 …戦争で消耗しつくし、貧乏になった我々の眼にはこの国の物質的にも従って又国民道徳の高さでも全く羨ましい限りである。」（原崎、一九五五a：二五）と述べている。前記から、スイスの国民性や地域特性、社会福祉実践も日本の社会福祉事業の理想像のヒントになっていたと認識できる。

一方、「東洋の孤島日本の五十年百年後を目標とした我が国独特の産業振興の構想とその復興の途上において、…日本の将来にこの国の国民生活のような幸福さを平和裡にもたらす為にはイギリスの社会保障制度も知らなければならない。」（原崎　一九五五a：二五、傍線は原文の下線のまま）と、イギリスの社会保障制度にも大きな期待を寄せている。原崎は、スイス人の国民性にふれたのち、社会改良や生活向上の模範としてイギリスの制度や事業を摂取しようとすることで、現代的社会福祉の体勢づくりを構想していたと考えられる。

イギリス視察の目的と成果――新しい講義方法との出会い

一九五三（昭和二八）年一〇月三日に、「社会保障を六ケ月勉強します」（原崎 一九五五b：三二）という明確な目標をもってロンドン入りした原崎は、ケンシントン・ガーデンの傍のホテル・エリザベスを宿泊場とし、視察研修に専念する。ここで改めて彼の日誌を紐解くと、イギリス視察は一九五三（昭和二八）年一〇月三日～一九五四年四月二七日の間に行われ、彼が視察・見学した主要な場所・施策は以下の通りであった。岩橋成子編著（二〇〇六：四）は、原崎のイギリス視察が日本のホームヘルプ事業のモデルになったとしているが、その視察内容は必ずしもホームヘルプに限定したものではなかったことが窺える。

子供の園（Dr・バーナード・ホームズ、一九五三年秋）、文化振興会

（一九五四年一月一日）、イーストエンドの七階建アパート（以下同年一月）、ブリストル市内の社会福祉施設（一月二五日）、ブリストル市内のホームヘルプ制度（一・二月）、バース町内（二月七日）、グロスター市内（二月一五日～二六日）、大英博物館図書室（二・三月）、ロンドン大学（三月）、ケンブリッジ大学（四月）、イートン・カレッジ（四月）、マンチェスターの福祉事務所（四月二二日）、ブレストン（四月）など。（日誌：一九五三年一〇月三日～一九五四年四月二七日）

イギリス・ブリストル市内の旅舎に佇む原崎
（1954年2月10日）

原崎は、「滞英期間の短かいことの焦燥や英語力の不自由さなど、ロンドンに着いて感じられた心細さのなかで、十月五日から、この国の政治、経済、教育、社会福祉などの一般に就いて、訓練コースが始まった。」（原崎 一九五五ｂ：三二～三）と述べ、特に、Ｄｒ・バーナード・ホームズでの体験から、「ロンドンで

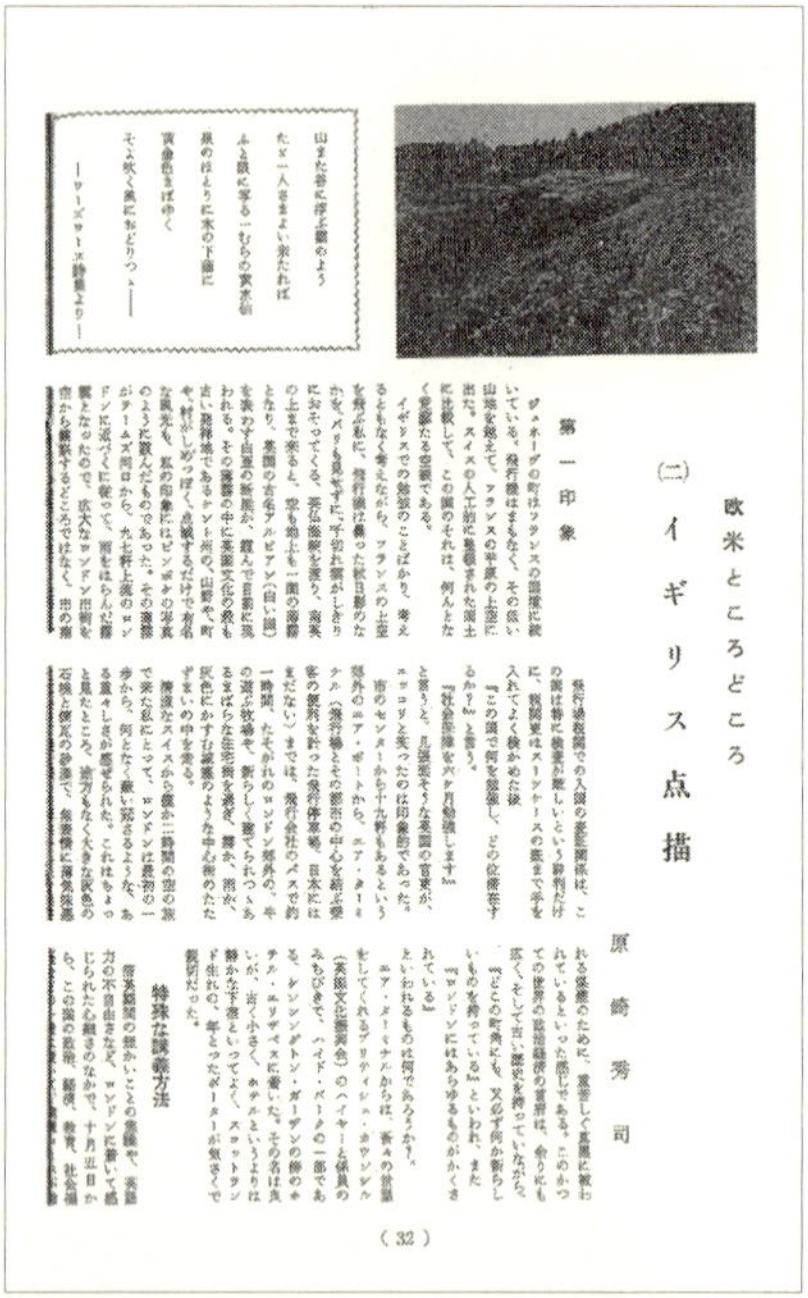
欧米ところどころ
（二）イギリス点描
原崎秀司
第一印象
特殊な講義方法
山また谷に浮ぶ雲のよう
たゞ一人さまよい来たれば
ふと眼に写る一むらの黄水仙
湖のほとりに木の下蔭に
そよ吹く風におどりつゝ——
—ワーズワース詩集より—
（32）

「欧米ところどころ（二）」『信州自治』第８巻第４号、1955年、32〜35頁

三百人程の児童を収容しているドクター・バアナ《ママ》ードの施設を見たが、驚いたことには、収容児童の大半に希望を持たせて植民地に送り出す組織を持っているのであった。これに比ぶれば日本の大陸政策はいかに時機遅れであり、且つ無謀に終ったことか。」（原崎 一九五五ｃ：一六）と嘆いている。他方、原崎は文化振興会の講義を「特殊な講義方法」と感じ、

社会保障制度や社会福祉事業の仕組みを学んでいる。加えて、次のように、学び方や深め方からも大きな影響を受けたと考えられる。

講義はカウンシルの講堂で、各省の役人、学者、教育者、社会福祉専門家等が一日二時間程度の講義をすることになっていた。この国の講演や講座では講演者と聴衆の他、必ず司会者がある。このチェアーマンなるものは、その会に最もふさわしい経験と知識とをもった人が選ばれて、講演者の紹介をしたり、質問などの場合にも、一応それを整理してから、講演者に答えさせる方式をとり、終りにはその講演についての感想を述べ、講演者に謝辞を言うのが役割である。…講義なり講演なりは、その一部の時間にすぎず、大部分の時間は参会者の討論に割当てられていた。…　（原崎　一九五五ｂ：三三）

ホームヘルプ制度への着想

このように原崎は、イギリスの講義形式においてさえ、人々の主体性を見出していた。それは、「この国の青年や労働者の教養の高さと、公共生活の訓練の良さを表していて、大衆の文化水準の高さに感銘した。」(原崎 一九五五b：三三)と記すほどであり、文化・教養の向上により、豊かな逞しい人間を創造するという方向性の認識でもあった。一方、この研修には、講義・討論の他に制度や施設の実地視察が週二回の割合であったという。「それは見知らぬ国へ着いた好奇心と不安との交錯した妙な気持であった。」(同上)と原崎は回想しているが、熱心に行った実地視察では、①イーストエンドの貧民窟、②市立図書館、③ブリストル市内のホームヘルプ、④児童福祉施設の四箇所での成果が大きかったことが日誌から窺い知れる。例えば、①については、「有名なイーストエンド

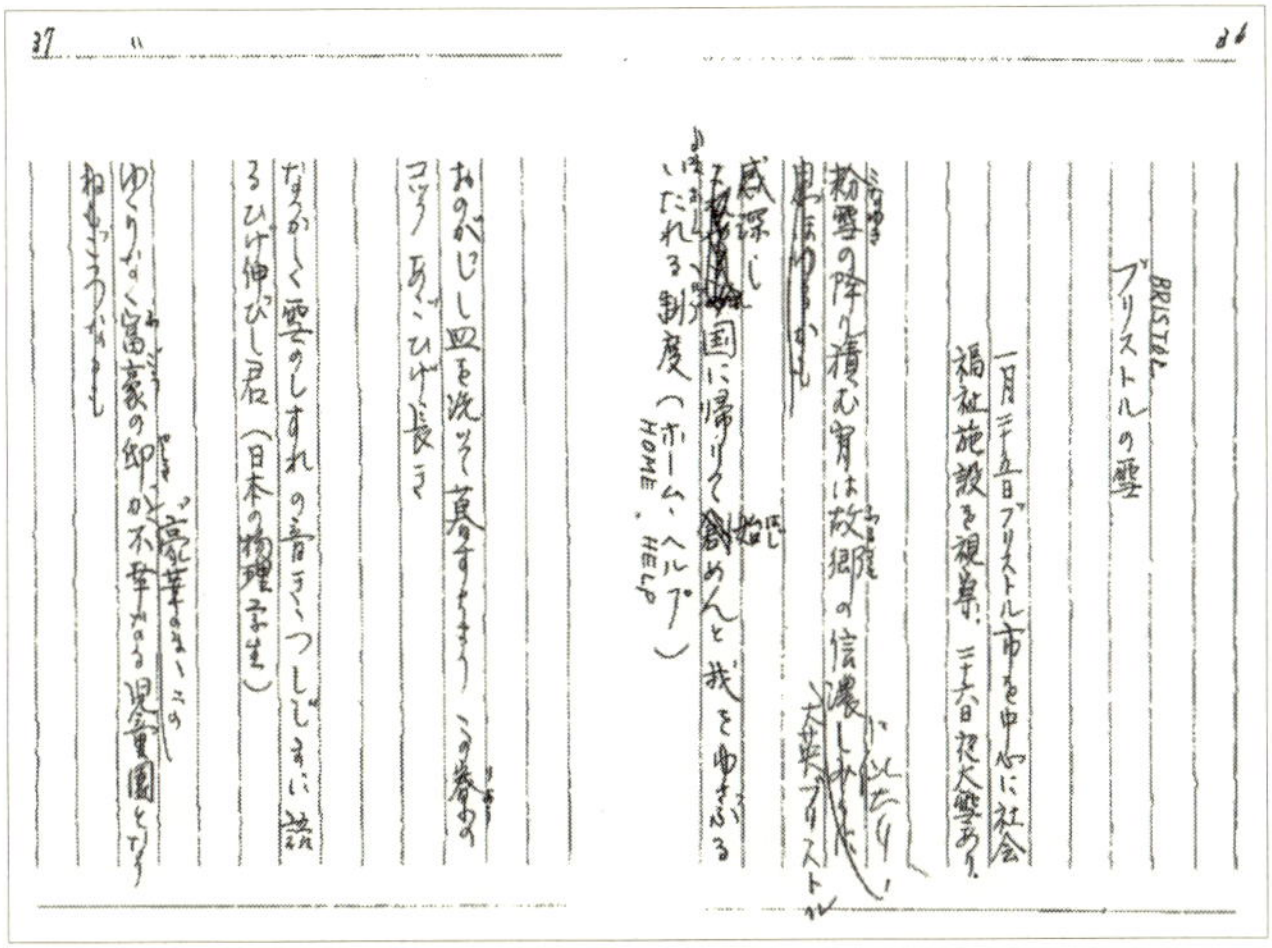

ブリストル市内を視察した際に原崎が詠んだ短歌、原崎秀司『歌稿 第一輯』（1953年9月19日～1954年5月1日）36～37頁（本文中では日誌Ⅲ）

の貧民窟の住生活さへも、合理的で、衛生的であり、セツルメントを始め、公共設備等は、今日でもイギリスの住生活は、とても吾々のそれとは比較にならないものである。」（原崎　一九五五ｂ：三四）とし、④については、「市役所のゆるやかに流れる川をはさんで、日比谷公園程もある、一面の芝生と槲《かしわ》の木に囲まれた公園の一角に、邸宅風の児童福祉施設があり、そこの児童の生活は、全く上等なホテル暮しといった処遇である。これはかつての地方貴族の荘園が

渡英中の原崎が秘書の仲田和子氏に宛てた葉書（1954 年 1 月 11 日）仲田和子氏蔵

そのまま公園となり、児童福祉施設となったものなのである。」（原崎 一九五五ｂ：三五）と羨望の念をもって述べる。介護福祉学研究会編（二〇〇二：三五）が指摘している原崎のアイディアの源泉が、こうした体験のなかにも包含されていると思われる。

他方、③については、日誌内の「ブリストルの雪」の章のなかで、興味深い短歌が見られる。それは「感深し国に帰りて始めんと我をゆさぶるいたれる制度（ホーム・ヘルプ）」（日誌Ⅲ：一九五四年一月二五日、括弧内原文のまま）である。原崎がロンドン市内のホームヘルプ事業に倣った（森一九七四：三、山田　二〇〇五：一九六）と言われているが、ここから必ずしもロンドンに限定されたものではなく、むしろ正確にはブリストル市内のホームヘルプ制度を参照したと考えられる。ただし残念ながら、日誌の記述に、その具体的な骨子や規程までは見られない。しかし少なくとも、ホームヘルプが原崎の心の内奥を揺さぶるほど素晴らしいものと看取され、原崎によって日本が摂取すべきホームヘルプという対象が一九五四（昭和二九）年一月二五日に初めて意識されたことは、その後の展開をみても、それは歴史的第一歩といえた。日誌欄外に目を移すと、前出の短歌の「いたれる制度」の傍に、「よきホームヘルプ」と付け加えられているのが窺える。ここにも、原崎のホームヘルプ制度に対する期待や思いを解読できる。原崎は、イギリスのホームヘルプ制度のみならず、児童福祉施設や貧民街など幅広く見聞し、それらの体験を総合しながら、日本で実践・普及させるための方法を考えていたと推察できる。

そもそもイギリスは収容施設サービスが急速に拡大する一方、国家に

信濃毎日新聞　昭和31年（1956年）3月28日（水曜日）（2）

家庭

ホーム・ヘルプ制が実施されたら

生活困窮者を援助する

申請により 養護婦が家事奉仕

どんな家庭が対象になるか

未亡人などが適任

仕事は食事の世話や育児・洗濯など

養護婦になる人と仕事

童花を活けよう

原崎が『信濃毎日新聞（北信版）』紙上で述べた「ホーム・ヘルプ制が実施されたら」、第 26608 号、信濃毎日新聞社、1956 年 3 月 8 日、第 2 面

よる在宅サービスが禁止されたビクトリア期などの史的背景を擁し、歴代政府ですらホームヘルパー研修費補助に消極的であったとされる（Margaret Dexter and Wally Harbert. 1983:1-15）。公共保健法（Public Health Act. 1936）に基づく地方公共団体への家庭奉仕員の設置も任意であり、地方ごとのやり方に委ねられる部分が大きかったといわれる（同上）。原崎もこうしたなかで、ホームヘルプ制度の実態を見聞し、地域的影響を受けた。そしてそれが、帰国後、県庁内での議論を経て、前述の通知に先立ち、地元新聞紙である『信濃毎日新聞』（第二六六〇八号、

一九五六年三月二八日、第二面）を介して周知徹底が図られようとしたことは注目される。では、原崎の考案はいかなるものであったのか。それを推察させる資料が原崎自身の言葉で残されている。

県下にこの制度が広くいきわたったらもっと社会がよくなるだろう。…この制度（筆者注：ホームヘルプ制度）は、利用する側と、養護婦になって働こうとする人との二つに分けられる。生活困窮者のなかで、乳幼児をかかえているために働きたくても働きに出れない未亡人、また一家の働き手が急病で入院したまゝ、家族の世話をみる人がいないとか、病気になった身よりのない老人などの家庭に出むく。いまゝでこうした場合がおきても（県厚生課の調べでは六百世帯ある）たよる親戚知人もない、という家庭が多く、全くみじめな生活に陥り、子どもが義務教育も受けられない、という場合が多かった。こんごはこうした家庭から援助してほしい、という申請があれば、養

護婦が家事奉仕にのり出すことになる。(信濃毎日新聞社 一九五六：二)

さらに、担い手や業務内容については、『家事の処理のできる範囲の常識、経験を持つ女性』ということで未亡人などは最適任者。…この仕事に熱意を持っている人が望まれる。つまり、〃母親代り〃なのだから愛情、知識、経験などは豊富でなくてはならず、いままでの家政婦とは全く違った勉強が要求される。仕事は『家の整頓、食事の世話、洗濯、つくろいもの、買物、育児』など。派出期間は六か月を限度としているが、家庭の事情によっては一年、二年とつづくことも考えられる。農村にありがちな意地や遠慮をすて、困窮家庭が『無料奉仕』の申請をどしどししてくれるようにと望んでいる。」(同上)と記される。原崎がロンドンのホームヘルプ・サービスに共鳴していたと竹内(一九七四：五九)らは指摘するが、原崎は進んだ他国のみを凝視していたのではなく、むしろ遅れていた自国にも目を向け、日本人の日常生活改善をホームヘルプ導入により希求していたと考えられる。

福祉国家形成に向けての原崎の提言

このような経過のなか、「この国の歴史の古さと、制度の複雑性は、私のような短期間の訪問者には容易く理解され得るものではないらしい。」（原崎　一九五五b：三五）と原崎はイギリス視察中に限界を感じていた。彼は「ホームヘルプ・オーガナイザー研修所」が結成された一九五四年時に視察をしていたが、『信州自治』（信州自治研究会、一九五五）に掲載された彼の論稿から視察研修の成果の要点が、以下の三点であったと考えられる。

第一に、「福祉国家の気魄」である。「ともかくロンドンにおいても、地方へ出ても、全体として私に感知されるものは、多くの英人《ママ》のまさに堅実そのものの生活であり、悠々と流れて止まず、厳粛のうちに『福祉国家』の理想を実現しようとする努力と忍耐の気魄であった。」（原崎一九五五b：三五）と原崎は述べる。つまり、スイス視察時と同様、福祉国家の土台形成として人々の堅実な生活や暮らしを重視している。第二に、「実学精神」があげられる。「…協同組合運動やセツルメント事業、労働組合の発達と社会主義（産業の国有化政策や完全な社会保障制度の実行）、世界語としての英語や教育制度からスポーツに至るまで、吾々のように唱えながら身につかない借物ではなく、正真正銘のこの国民が自然に工夫し、創り出した身についた実学であり、制度であり、思想や主義であるのだ。」と指摘し、物事を自ら創造する意義を指摘する。第三に、「イギリス人はその保守性と進歩性との調和した国家的な物の考え方と、実践の態度をよく持して居て、極端がなく、常にバランスを持った均衡の世界に生きる事が出来るのである」（同上）と偏狭しない態度や柔軟性を感知し、日本人の模範と見ている。

原崎は、「どんな場合にも右往左往する事なく、世界の日本人としての精神の核心を有ち、心のより所を有って、イギリス人のように、のっそりと根気よく歩み続け得る信念を何処に求めればよいのか?」(同上)と思索し、イギリスと日本との間に大きな懸隔を汲み取っている。このようなイギリスの実学志向の諸サービスを参考に、ホームヘルプ事業の展開と日本型社会福祉実践の興隆を原崎は待望していた。ただし、原崎はイギリス社会の盲目的な模倣というよりは、日本人としての自主独立性をもち、内在的可能性を最大限伸長することで、日本人を「人をして人たるに値する存在」にすることを重視していたと考えられる。イギリスのホームヘルプ・サービスに啓発された原崎が上田市の事例を参照しつつ制度化したと上村(一九九七：二四九)は述べるが、「社会保障は新しき国興す基なりといつしか我が考え方を支配す」(日誌Ⅲ：一九五四年四月二二日)という彼の短歌から、原崎はもっと大きな視野の下に視察研修を行い、その実践方法を諸外国の生活様式や社会福祉実践から摂取しようとしたと考えられる。

以上、本章では原崎の欧米社会福祉視察研修の過程をみてきた。原崎は、スイスやイギリスでの視察研修を実り多きものにするため、「欧米社会福祉視察研修報告書」の作成に奮闘し、「呼吸凍る日々夜更けまで精を出す英文報告書われには苦渋」、「けならべてタイプも打ちぬ期間ぎりぎりの報告書なるを積みて茶を飲む」（日誌Ⅲ：一九五四年二月二六日）などと詠んでいる。イギリス視察後、フランス、アメリカを見学した原崎は、一九五四（昭和二九）年五月一日、七か月余りの視察研修を終え、帰国の途についたのであった。

視察研修後の原崎における思想的展開

原崎にとって欧米社会福祉視察研修は進んだ社会福祉事業の単なる見学や学習に留まるものではなかった。一連の視察研修体験を踏まえた原崎は、「農村保健」、「社会保障と新生活運動の進展」、「社会型の断想」などの論稿においてその成果の一端を述べる。例えば、「農村保健」では、原崎がイギリスのグロスターに配属された折の経験を踏まえ、「いわゆる『ゆりかごから墓場まで』とよばれるように、まず子供の保健問題からはじまって、国民保険法による全国民に対する国家の無償的な医療サービスを中心に、老人の福祉に至るまで、世界でも典型的な制度となっている。」（原崎　年月日不詳：二九）と回想している。

一方、「社会型の断想」では、社会保障制度が完備された新生活運動の理想として三つの型を構想し、原崎は次のように思考する。第一は、『各人は自己のために、ただ神だけが万人のためだけに』というような自由主義の社会」であり、第二は『万人が一人のために、一人が万人のために』というように個人はわれわれという意識をもって生きる。ここでは個人と個人との対比ではなく、全体に対する個人がもつ関係、即ち連帯意識のある人間の社会」（原崎　一九六一：一）とする。これらを前提に、社会型が次なる第三の社会としての「創造的進化の社会」に繋がるとし、原崎は以下のように強調している。哲学的思考による論理飛躍があったにせよ、「創造性」に注視した原崎の思想は注目される。

第三の社会というような社会があるとすれば、個人と集団とが常に人間存在の本性に従いつつ止揚され、発展してゆく社会、カントの個人や個々の階層の特殊な経験を超えた「普遍的な良心」を結び目としての共同の社会、そしてヘーゲルやマルクス等の思考と照らしあわせて、第一、第二の社会型が弁証法的に止揚（精神的、物質的弁証法）されつつ、生成発展してゆくような創造的進化の社会、実際生活では個人と集団の積極的な創意により、人々の生活が飛躍的に向上して、全成員が裕福でかつ文化的な生活が、現在や将来にわたり約束されるような社会、その社会は人類全体の最大幸福の平和な世界人類社会に発展された社会である。

（原崎 一九六一：一、傍線筆者）

社会福祉的人間観として、「社会的総体的であり、かつ具体的生活者としての全体的人間」（吉田　一九七九：五七三）と記されるが、上述から進んだスイスやイギリスを見た原崎はあらゆる人が、いかなる場合も動じない「普遍的な良心」を基軸にし、精神的にも物質的にも豊かな文化的生活を創造する社会こそが、理想的日本社会像として彼の内面に浮上しているととらえられる。原崎は、必ずしもホームヘルプ制度の実践のみに終始せず、このような大局的な視点から、弁証法を援用しつつ構想し、人々を創造的人間へと変え、人々が自ら高め合い、社会改良に参画することを切願していたと考えられる。その基底には、スイス人やイギリス人に見られた堅実性や合理性といった特質があり、こうした人間本来の性質を日常生活に役立てる方策を考えることで、原崎自身の社会福祉観も明確になっていったと認識できる。この思想展開は、帰国後もなお、戦後復興を十分に成し遂げられず、荒廃していた日本社会の、とりわけ長野県のような地方都市の生活実態を憂慮し、いち早い改革を念願した原崎の思想観から派生したものであった。

以上、本章では、原崎の日誌や論稿を基に、彼の問題認識の所在と欧米社会福祉視察研修の過程を検討した。原崎は、当該研修を通じて、欧米で社会福祉サービスが進んだ背景に、堅実な生活や生き方の哲学を追究することで、物質的にも精神的にも自立可能な人間像を構想していた。すなわち、日常生活や福祉実践のなかにイーストエンドの貧民窟などで感じた合理性やスイスの高等工業学校で触れた科学性の概念の発見があることを見抜いた原崎は、これを日本にもたらそうと「創造的進化の社会」を想見した。生活や制度を自ら苦悩しつつ創造する欧米諸国の実学精神に深く共感した原崎は、遅れていた日本の実状を憂慮し、実験的試みとして家庭養護婦派遣事業を創設したと考えられた（原崎の視察研修を基に作成された「家庭養護婦服務心得」を参照）。そこには、先進的な欧米諸国に感化された原崎自身による地域振興を目ざした創意工夫や、地域社会の形成主体としての人々の自覚向上による、社会福祉への理解の深まりが見られた。

家庭養護婦服務心得

一　家庭養護婦は、その業務を行うに当って〇〇〇市町村社会福祉協議会家庭養護婦派遣事業実施要綱に定めるところによるほか、この心得に従って勤務しなければならない。

二　家庭養護婦は、担当家庭の立場を理解し、健全な心構をもっていかなる家庭にも順応できるようにするとともに、熱意をもって使命の達成に努めなければならない。

三　家庭養護婦は、担当家庭の個人的事件や秘密に関する事を他にもらし、又はこれに介入してはならない。ただし、担当家庭の生活を維持するうえに特に重大な問題があった場合は、担当家庭の了解を得て、民生委員に連絡することができる。

四　家庭養護婦は、常に身のまわりを清潔にしておかなければならない。

五　家庭養護婦は、担当家庭から正当な理由なく金品を受け取ってはならない。

六　家庭養護婦は、担当家庭においてその家庭の要請に基づき、次のような職務を行うものとする。1　乳幼児の世話、2　医師看護婦の指図に基づく病人の世話、3　産じょくの手伝、4　炊事、5　裁縫、6　洗濯、7　掃じ《ママ》、8　その他

七　家庭養護婦は、次の職務に従事してはならない。
1　伝染病人の世話、2　担当家庭の家業に関すること

八　家庭養護婦は、指定された職務時間を守らなければならない。
九　家庭養護婦は、病気又は事故により遅刻又は欠勤しようとするときは、事前に会長に届け出なければならない。
十　家庭養護婦が伝染病にかかり、又は自分の家に伝染病患者が発生した場合は、直ちに勤務を中止して、その旨を会長に届け出なければならない。
十一　家庭養護婦は、担当家庭ごとに勤務状況報告書を作成し、その家庭での勤務が終わったとき、または勤務が一〇日以上に及ぶ場合は一〇日ごとに会長に提出しなければならない。

原崎の欧米社会福祉視察体験を日誌の記述から辿り直すと、人の生き方や生活様式のモデルをスイスから、社会福祉施策や主体的学習の展開のヒントをイギリスから摂取しようとした形跡が見られた。「異なるニードの範囲に即して適切に業務を遂行できるよう従事者を補給し、訓練し、その職員に技能を身につけさせること」(Margaret Dexter and Wally Harbert. 1983:34) というイギリスのホームヘルプ制度の基礎を原崎がどの程度理解していたのかは定かではないが、少なくとも単なる借り物ではなく実学として、日本人の創造性や感受性に基づく実践が目ざされた。その試みとして、原崎は日本におけるホームヘルプ制度の展開として、家庭養護婦派遣事業を始動していく筋道を示した。こうして長野県下に日本最初の組織的なホームヘルプ事業が萌芽したと結論づけられよう。

第六章　日本赤十字社長野支部活動にかけた晩年

日本赤十字社長野支部事務局長時代

以上のように、過去の生活歴・学習歴に基づき、才覚・資質を遺憾なく発揮し、欧米社会福祉視察研修を無事に終了した原崎であったが、留学以降の彼の詳細は判然としていなかった。社会福祉・社会保障制度の基礎づくりに貢献した彼はいったい、自身の取り組みをいかに振り返り、どのような思いに駆られていたのだろうか。ここでは、近年、原崎の次女、美谷島和子氏のご理解・ご協力により発掘された、彼自身が亡くなる二年前までを記した日誌『自由日記　横書』（以下、日誌Ⅳ）を紐解き、晩年期に迫ってみたい。

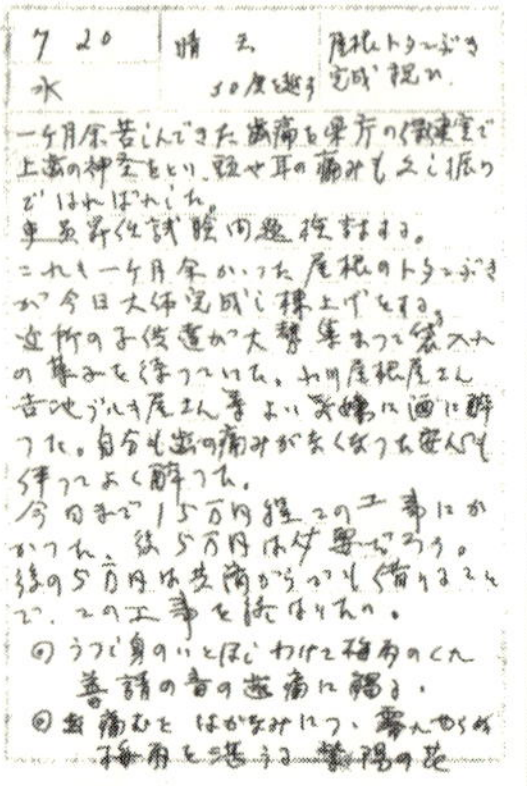

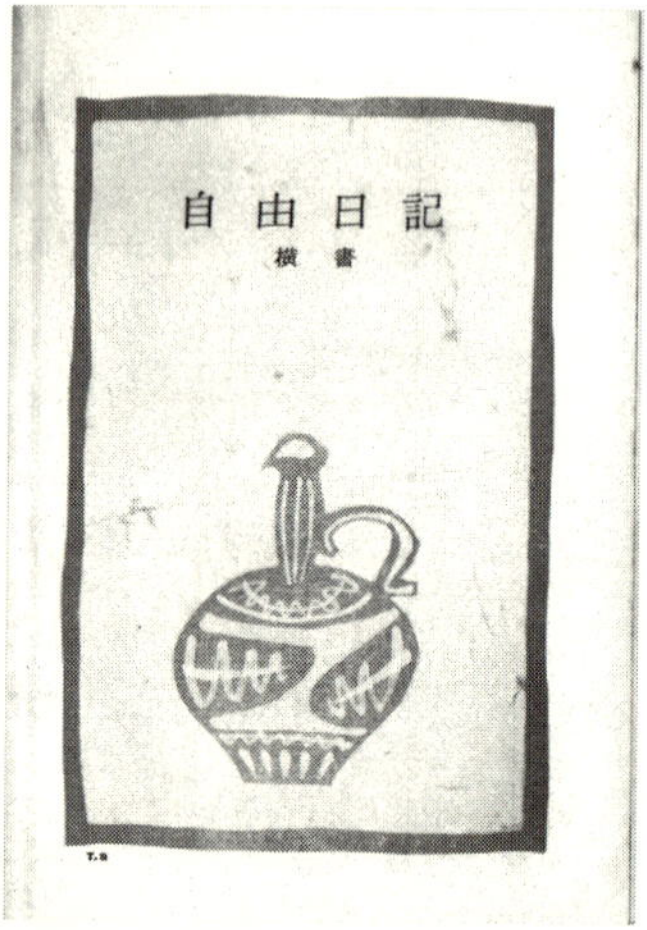

原崎の晩年を記した日誌『自由日記 横書』
原崎の次女、美谷島和子氏蔵（本文中では日誌Ⅳ）

帰国後の原崎は、一九五九（昭和三四）年に長野県児童福祉審議会委員、防災会議委員会委員に就任し、同年頃には長野県社会福祉協議会理事に就任、さらには、長野県人事委員会事務局長に就任、そして、一九六一（昭和三六）年五月～一九六六（昭和四一）年九月の約五年間、日本赤十字社長野県支部事務局長を歴任している。

一九六〇（昭和三五）年八月一八日、日誌Ⅳのなかで、原崎は『道を求めて』という言葉がこの頃の自分の願いのようになってきた。それは干からびた道学的なものではない。と言っても軽率なものでも落ち着かないおちつきのない生活は淋しい…」と述べ、過去・現在から将来につながる何かを探究しようとしている。同日、「午後、小林（総務部長）さんがヘルス・センターの専務理事が駄目になった経過と、日赤長野病院参事（事務長）の話が出た」と記し、異動に思いを馳せ、深夜まで眠りつけず苦悩した。結果的には、一九六〇年一一月一五日、原崎は日本赤十字社長野支部事務局長に就任する。

翌六〇年一月一五日に開催された戸倉町成年式では、原崎は「幸福論」というテーマで記念講演をしており、「…抽象的であるが、青年に夢をもたせる意味であった」と振り返っている。さらに、一九六二年一月一〇日には、長野県身体障害者福祉審議会副会長に就任するなど、活動の拡がりがみられた。つまり、遺族援護事業、生活保護事業、方面事業、ホームヘルプ事業のみならず、児童青年の健全育成や障害者福祉にも尽力していたことが分かる。晩年の原崎の最後の使命については、彼自身による以下の言葉から看取できる。

長野日赤病院を北信の医療センターにしたいという使命を感じ、この病院への愛情をもってきた。しかし、実際に春闘の中でつらつらその内容に接し、その理想と現実の断層が大きいと痛感した。しかしそれでも私は希望を失っていない。今回は空前の転任であるが、でも同じ系統であり、この病院の使命を将来に対して限りない愛情を感じ、希望をもち協力して行きたい。そしてそれが私の新らしい使命であると信ずる。……

（日誌Ⅳ：一九六一年五月三〇日）

体調不良と創作への執念

このように、地域医療の普及に尽力しようとした晩年の原崎は、その一方、彼の趣味であった短歌について、日赤勤務以降、なかなか創作が進まないことに自責の念を抱きつつ、「まずい歌ながら出版するつもりない」（日誌Ⅳ：一九六一年一月八日）と吐露する。公表には後ろ向きであったが、一九六〇年八月六日に開催された潮音大会に参加し、「山崎兄たちが長い間準備をした潮音大会がヘルス・センターに開催され、自分も招待されて半分参加する。北海道、九州、四国、全国からの会員に県の観光案内でもプレゼントする。…」と人々との和やかな交流を図っている。そして、「…潮音届く。やはり三十年間の作歌の中断は私を未だ幼稚な技

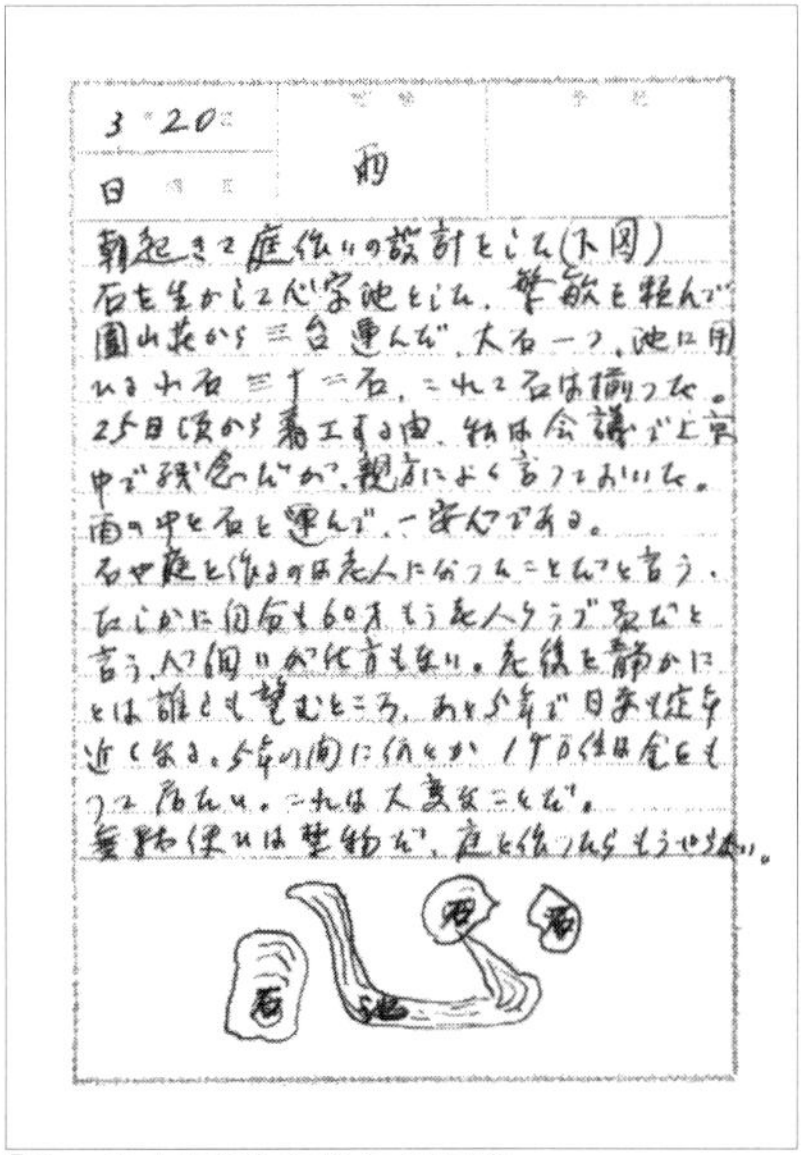
3月20日
日曜日
雨
朝起きて庭作りの設計をした（下図）
石を生かして心字池とした。
園山荘から三台運んだ。大石一つ、池に用いる小石三十二石。これで石は揃った。
25日頃から着工する由。私は会議で上京中で残念だが、親方によく言っておいた。
雨の中を石を運んで一安心である。
石や庭を作るのは老人になったことだと言う。
なるほど自分も60才もう老人クラブ員だと言う人の向いが仕方もない。老後を静かにとは誰しも望むところ。あと5年で日赤定年近くなる。5年の間に何とか1千万位は金をもって居たい。これは大変なことだ。

「心」を大切にした晩年の原崎
原崎秀司『自由日記 横書』1964年3月20日
（美谷島和子氏蔵）

術に置き去りにしている。死ぬまで努力することによって、取りかえす」（日誌Ⅳ：一九六四年一月二日）と執念を燃やそうとしている。

ただし、還暦に近づいた頃の原崎は体調不良に加え、病気を予感するようになる。次の記述に彼の内面を推察できる。

癌の恐怖は去らない。ここ数日酒も止め、煙草も節しているが、どうも咽喉の腫れがひかないらしい。病院の薬、売薬のズルファシン等ためしているが、その腫れははかばかしくひかない。（中略）我が生の限界などを思う日も千曲は雪の峡野に青し　酒やめて煙草もやめん、その次は食止むときの仮想の咽喉

（『自由日記　横書』一九六二年二月一〇日）

生活を改め、こうした正しい生活習慣と作歌という知的活動の活発化により、原崎は自身の人生の総括をしようとしていたことが汲みとれ

原崎　秀司氏

❶日赤長野県支部事務局長❷長野県、明治三十六年❸埴科郡戸倉町若宮五〇四❹法政大学哲学科❺昭和十四年から茨城県、長野県の社会事業主事、地方事務所長、長野県厚生課長などをへて、三十四年から県児童福祉審議会、防災会議など数種委員会の委員、県社協理事を兼任している。

「日本の社会福祉を進めた 100 人」の一人に選出された原崎
福祉新聞社『福祉新聞』第418号、1965年11月1 日、第5面

る。加えて、彼は一九六二年五月五日から五月一三日まで、九州旅行（長崎―雲仙―熊本―鹿児島―霧島―宮崎―別府―瀬戸内海―大阪―福島）を行い、国内を遍く観ている。観光のみならず、国内の実態をみようとした原崎は、最後の最後まで現場主義を貫き、物事に即した見方・とらえ方を重視していたといえよう。こうした彼の実直な姿勢こそが、社会福祉・介護福祉分野の一局面に新展開をもたらし得たといっても過言ではなかった。一九六五（昭和四〇）年一一月には、「日本の社会福祉を進めた一〇〇人」（福祉新聞社主催）の一人に選出されており、こうした事実からも彼の功績の大きさが示唆される。一九六六（昭和四一）年

九月十二日、原崎は胃癌のため病没し、六三年間の生涯に幕を下ろしたのであった（死後、勲四等瑞宝章を受章）。

おわりに

　原崎秀司の研究は、現在進行中である。本書の素材となった第一次資料の多くは、原崎の長男・修一氏及び次女・和子氏、並びに西筑摩地方事務所で彼の秘書を務めた仲田和子氏の提供によるものであるが、ここに行き着くまでに多くの戸惑い・苦悩が重なった。原崎が在籍していた長野県庁、西筑摩地方事務所、木曽地方事務所、日本赤十字社長野支部などに史料が残っていなかったのである。原崎関連の資料探索の作業が延々と続くなかで、幸運にもご子息・関係者にお会いでき、幾つかの保存資料が発見されるに至ったのである。これらの資料の類いは、従来の研究が着手していなかった彼独自の思想や慣習を明らかにし、その奥行きの深さをまざまざと見せつけた。一つのテーマを史料に基づき、誤謬を是正しながらていねいにアプローチすることで、その関連性が拡がることを実証した。

改めて、原崎秀司の研究の進捗具合を省察してみると、必ずしも順風満帆ではなく、三つの難所があったことが再確認できる。まず、第一に、原崎の青少年時代の詳細が判然としなかったことである。義務教育終了後の大正期の史料が見当たらず、その一方、家業の農業にはあまり興味を示さなかった原崎が、短歌や農民美術などの創作活動に没頭することで、自らの欲望を満たそうとしていたと考えられる。「潮音」「白夜」といった短歌集団に所属していたものの、学習の基礎・基本や創作のいろはをどのようにして習得したのかは未だ推測の域を出ていない。もしかしたら青年学級や自由大学講座などに通い、主体的に学んでいたのかもしれない。さらなる調査研究が求められる。

第二に、原崎をホームヘルプ事業の先覚者としてみた場合、同事業と方面事業との関連が明確にされていなかったことである。訪問型の類似事業の比較・検討は重要であるが、この点については、彼の日誌（『遠保栄我記（新正堂版）』）内に、「『厚生時報』の編集…」という文言が見受けられたため、ここから『方面時報』（のちの『厚生時報』）の関連記事を、日本社会事業大学図書館、東京大学大学院法学政治学研究科附属近代日本法政史料センター（明治新聞雑誌文庫）、大阪府立大学ヒューマンサイエンス系図書室で収集した。これらの第一次資料を分析することでその一端を明確にすることができた。

そして第三に、原崎が一九五三（昭和二八）年九月一九日〜一九五四（昭和二九）年五月一日の約七ヵ月間行った欧米社会福祉視察研修の成果をまとめた『欧米社会福祉視察研修報告書』が発見されていないことである。筆者は、国内はもとよりイギリス（ロンドン大学図書館、大英図書館、大英博物館図書室など）でも調査したが、未だに発見できていない。二〇一四年九月一日〜五日に、国連欧州本部（ＵＮＯＧ）図書館にて再調査を実施したが同様の結果であった。もしかすると、国連奨学生たちが提出した報告書が国連で集約され、UNITED NATIONSの書籍という形で刊行されているのかもしれない。いずれにせよ、同報告書の全容が解れば、それがいかにして、わが国初の組織的なホームヘルプ事業とされる「家庭養護婦派遣事業実施要綱」の作成へとつながったかが明らかになろう。今後の継続的課題としたい。

「はじめに」でも書いたように、本書は、「新・原崎秀司研究」に先鞭をつけた一契機に過ぎない。人は人とつながり、その人はまた別の人との関わりを形成し展開していく。歴史を紐解くということは人と人とのつながりを深く理解することであり、このくたびれる作業こそが、私たちに生きるヒントや意欲をもたらしてくれる。本書刊行にこぎつけられたのは、「シリーズ 福祉に生きる」編者の津曲裕次先生、大空社専務取締役の西田和子氏をはじめ、多くの関係者・理解者のご支援があったからである。深謝すると同時に、一人でも多くの読者が小伝を基礎に、歴史や過去を豊かに省察してくれることを切望する次第である。

注

1 宮坂広作「戦前における社会教育運動の遺産について――自由大学運動―四（完）―」『月刊社会教育』第七巻第三号、一九六三年、五四〜六一頁。

2 山野晴雄編『自由大学運動資料――伊那自由大学関係書簡（横田家所蔵）』自由大学研究会、一九七三年、一四五〜一四六頁。

3 高倉輝は「(三木の）講義の題目は『哲学論』というのでしたけれど、内容はけっしてそれまでの哲学の講義ではなく、ひじょうに多くの政治的なものをふくんでおりました。…」（タカクラ・テル『文学論・人生論』理論社、一九五三年、二八五〜二九三頁）と言及し、政治や生活を視野に入れた講義内容であったことを窺わせ、ここに原崎が共感した一因があったと推察される。

4 同誌の出版体制は、「毎月一回十五日発行　定価一部五銭　編輯兼発行人　柴田敬次郎　印刷人　杉山退助　印刷所　大日本印刷株式会社（東京都麹町区内幸町二ノ二）　財団法人全日本方面委員聯盟」となっている（全日本方面委員連盟 一九三七：奥付）。小笠原（二〇一三：二四八）は、「夕刊売り母子の挿話」から方面委員制度が発足したと取れる書き方の例証として、『方面時報』（一九三八：四）を引用しているが、同誌編集者という立場や原崎思想との関連からの分析は未着手の状態にあった。

5 「大阪府では方面委員をあくまでも中心とし、東京市方面委員のあり方を批判した」（吉田一九七九：二四一）との指摘の如く、初期の方面事業には地域差が少なくなかった。

6 「全日本方面委員連盟の主唱で、一五年一一月から翌一六年一〇月の一年間にわたり軍人家族・遺家族の生活指導上の資料とするために、軍人家族、遺族の家庭生活実態調査が行われたが、…科学的調査とはいえなかった」と指摘される（吉田 一九七九：三八七）。

7 同誌の「編輯後記」を原崎が手掛けた証左として、彼の名前が「原崎秀司」「原崎生」などと銘記された号数として、第六巻第二号、同第五号、同第六号、同第七号、同第九号、同第一〇号、第七巻第五号の七つが挙げられる。

8 この映画の試写会の様子は同誌第七巻第一二号第六面に記され、試写会終了後に開催された映画批判懇談会では、「先ず原常務理事より映画脚本決定に至るまでの苦心談の一席あり、続いて製作者の営利を離れてこの映画に全力を尽した方面精神の発露とも云ふべき美しい製作上の挿話があって後、大久保副会長、生江評議員、其の他各方面の人々より讃辞やら、批判、忠言等を続出しなごやかな雰囲気の内に閉会した」とされる。

9 方面映画『方面動員』の試写会・貸与先は次の通り。「映画『方面動員』試写会（一九三九年三月四日、於 大阪ビル）、映画『方面動員』批評懇談会東日会館に開催（一九三九年三月一四日）、『方面動員』の試写会（一九三九年三月一五日、於 東日会館）、東京市喜多見方面事務所にて映画『方面動員』映写会開催（一九三九年三月二五日）、亀戸方面館軍人遺家族慰安会に映画『方面動員』貸与（一九三九年四月一五日）、荒川区役所主催 軍人遺家族慰安会に連盟映画『方面動員』を貸与す（一九三九年五月六日）、東京市で映画『方面動員』上映、好評を博す（一九三九年七月）、映画『方面動員』板橋区大泉方面事務所へ貸与（一九三九年八月一五日）、千葉県大会にフィルム『方面動員』貸与（一九三九年九月二一日）、フィルム『方面動員』を奈良県社会課宛貸与（一九三九年一〇月五日）。」

10　このような心情を抱きながら新年を迎えた原崎は、一九四二年一月二三日、「小河滋次郎博士の会」（長野県上田市）に出張している。その詳細は判然としないが、『上田郷友会月報』や『長野県厚生時報』などから、小河博士の胸像を拝す会であったと推察される（日誌Ⅱ：一九四二年一月二三日）。

11　軍事援護の研究では資料的制約が多いと吉田（一九七一：一八八）は指摘するが、地方行政の一翼を担っていた原崎の日誌の分析からは、その内的動向の一端が看取できる。

12　戦時厚生事業的認識を否定し、この否定の継承、それによる貧困の社会問題性や貧困者の生存権、主体性の復活発展こそ、戦後貧困認識の原点となる」と吉田（一九八四：四一七）は指摘するが、この原点とホームヘルプ事業の起源との結節点にアプローチを試みた。

13　この頃の原崎が読破した主な書物は、三木 清『知性の改造』（一九三八年一一月）、『キューリー夫人伝』（同年一二月八日）、『太平（宮本武蔵）』（一九三九年一〇月二一日）、吉川英二『無明有明』（同年同月三一日）、島崎藤村『夜明け前』（一九四五年四月三日）、三好達治『春の岬』（一九四六年八月二八日）、『カントの日常生活』（一九四八年八月三一日）、梅崎春生『飢えの季節』（同）、ヒルライ『幸福論』（同年一〇月一七日）、雑誌『真相』（一九四九年三月二五日）などであった。（日誌Ⅰ：一九三八年一一月～一九四九年三月二七日）。

14　二〇〇九（平成二一）年八月三日及び二〇一〇（平成二二）年三月一四日、筆者は原崎の長男の原崎修一氏に対し、聞き取り調査を行った。三木清に傾倒したこと、「揺り籠から墓場まで」に強い関心があったこと、短歌や農民美術が趣味であったことなど、原崎の私的事項についてご教授いただいた。なお、両日に調査結果の引用許可を得た。

15 原崎は甲府出張時に、「終戦後四年過ぎて秋二日甲斐の湯村に休む日ありき」「これの世に寂しと言へば限りなし湯村はよしやワイン飲みほす」「八ヶ岳紅葉まだらにくっきりと澄みゆく空の信濃路に入る」などの短歌を詠んでいる。（日誌Ｉ：一九四八年一〇月一五日）。

16 Jose Ortega y Gasset（=1968:221）によれば、「カントは悟性が対象に適合するのではなく、対象が悟性に適合すべきであると説いている」と指摘される。

17 日誌の記述から、式とは原崎の二度目の結婚式のことであることが分かる。

18 ホームヘルプ事業の担い手として「未亡人が最適任者」という認識は、当時、女性の積極的雇用策として考えられたことであり、決して女性蔑視していたことを意味しない。

19 岡村（一九七四：九）は、「真の福祉であるためには個人の主体的にしてかつ個別的な要求（needs）が充足されなくてはならない」と述べ、ニーズ把握の重要性を強調している。

付記

本研究は、平成二五〜二六年度文部科学省科学研究費［若手研究Ｂ］（研究代表者　中嶌　洋、課題番号〇〇五三一八五七、研究課題「ホームヘルプ事業草創期に原崎秀司が受けた教育的・思想的影響に関する研究」）の助成を受けたものである。

参考資料――欧米社会福祉視察研修帰国後に原崎が詠じた短歌一覧

【出典】原崎秀司の手書きによるメモ帳、年月日不詳（原崎修一氏蔵）　□：不明箇所

【帰国】

・帰国しばし我の視線にうつるもの皆小さく見えて親しくてならず小さくていつくし親し
・帰りきし庭一ぱいに輝きてぼたん咲き盛る百十余り
・顧りみて楽しきことの多かりき花□うつむき雨にくづれず
・朝の雨音も静かに小鳥なく故里の家にわれ眼ざめいるわが故郷ぞ安く眠れる

【空気清し】

・故国清し若葉あかるき雨けぶる牛啼く村に日本書むさぼる
・七月余さかりて帰り無事なりし妻子の顔を見ればかなしも

【郷家】

・悲しみと言ふにはあらず親の土地売りぬ解放しぬ感慨無量
・幾代経し蚕飼いに黒くくすみたるさびし家は残りぬ操りて生きなんわれ郷家に住みつくらむか
・経営方式すでに変わりて開放せし田はカーネーションが作られている
・血縁も無縁のごとく若き日の利己の意欲に痒しきし家
・麦の来て土の香りに思うこと我が父も母も精農なりき

・いまさらに国土のせまきが悲しくなりつくづくと山の畑を仰ぐ
・何故に木を植え得ざる山畑山農の苦を我れ知りて言う

【村住み】
・連休を家族と春の庭作る貧すれば清しと云う言葉ありき我れ故里に住みつくらんか
・朝戸出の杏の花はおぼろにて我が過去もまた夢にかも似る
・貧しくも清く生きよう夕闇のりうの花枝静かにゆるる

【戦争犠牲者たち】
・時雨雲舞鶴湾をおいいきぬ取材のヘリコプター低旋回す
・舞鶴の時雨る波止場におのがじし引揚げの人に泪流る
・敗戦の祖国に帰りくちびるを固くとざしてうろうろしている
・生き抜くと「白百合の歌」合唱し涙を流す人の会合（未亡人会）
・父を偲ぶ作文をよむ遺児の声たまらなきこの戦争犠牲者（遺族会）
・終戦後のかくもきびしき現実によくも生きこし老父と母と子（留守家族）
・結核患者われをとりまき要求す貧しき国の運命とのみ云いがたき
・よるべなき老人を悲しみ新らしく養老院建てる計画すすむ
・日本の社会保障の貧しさに苦しむ人多し憤ろしも

【轉任】
・晴々と朝の陽はれぬしみじみと過去を顧み職場に向ふ
・樹のうれに鵯の声す山の駅に今朝新らしき眼をむけている
・我が所管の不調整の人の苦しみを苦しみとして七年過ぎぬ

【美ヶ原】
・王ヶ歌はるかに見えて我が愛ずる深山の花に日は夕べなり
・寒むざむと小屋のガラスを濡らしくる雨ありランプを消してねにつく

【雪山】
・雪山はただ神々しさをめがたき人の命の憂え深まる
・天地に寄する想いのはるかにて友の息吹の染み入るごとし

【原爆】
・このままに人類眼めざればあと十年原子力が人類を亡ぼすおそれあり
・原爆の悲惨さ人類に沁み徹れわれも願いをこめてサインす

【春寒】
・乗鞍に落つる黄色の天つ日の光のなごり寂しくもあるか
・歩きたくて濠端にいづ夕闇の城の相におどろき歩く

・人々が自然にいどむ霜除けの煙になびくうららかき朝
・子の不平わが若き日の苦しみに較ぶべくもなし世代は移る

【子病む】
・回診の待ち遠しくも現代のあらん限りの医療をたのむ
・子の病重きに堪えず身代りを願ふと言いて涙する母
・はらから皆寄りて夜更けの息詰まる雰囲気のうちに過ぎゆく時分
・寒の冷え骨髄にしむ病室に吾子の手を握り一心にゐる
・交代し子の看護する少しゆとり出てきたりたり命とりとむ
・春萌えにせせらぐ水音天地のあぐみのままに返りくる春

【不安】
・支那げしは大き朱赤の花咲くが盛りの命短かりけり
・つぐみ啼く姥捨山の停車場に胸つまるままひとり眺望す
・なりわひのしげき明け暮れ忙はしく日暮れて帰る独り居を追はるる如し不安は去らず
・裸木にひそかに咲ける花蘇芳運命の悲しき人多くゐる

【現身】
・現身の生きの悲しき悔いごと翡翠に澄める湯に流しおり
・虔しみて生きよと暗示すアルプスの山なみ日々に新らしく光る

【梅雨】

・雨けぶる庭の若葉の木下は青我の花咲く精のごとく
・うす暗き若葉の雨の庭すみに群るる蛍か金雀児の花
・遠くより鐘の音きこえうつつと湿り重たき梅雨の朝明け

【鉢状】

・落葉松の芽ぶきを写す真澄湖に心のにごり思ひ悔いおり
・鳴雷神の産みこぼせしか吹きの南傾斜に咲く千鳥草
・その鐘を小さく撞きて下りけり夕陽に静む道場の窓

【古跡】

・皇太子様お迎えせんと検分す平出遺跡鶫啼く盛り
・数知れずことに茲べる土器石器祖先の生活尊み偲ぶ
・平出の古跡の泉五月雨の藍に降りしく音の幽けさ
・三笠宮山深く入りその昔人住いし遺跡を探る
・何千年の昔を明かす学問の資料を探る堀掘る人々

【返り梅雨】

・もの言はず山菖蒲もて人行きぬ梅の森深く鶫の声す
・独り住み夜中に目醒め物読みぬ梅雨闇深く雨の音する

・梅雨雲の北に走りてこの朝は乗鞍黒く現はれにけり

【中房温泉】

・おちかたの山うぐいすよ汝がなけば昔語りす湯槽の媼
・夕暮れは小鳥も啼かず山の気の染み入るごとし月ある湯壺
・何の湯に今朝は浸りて物思はん峡に湧ける湯口三十六

【夏来るや】

・アルプスの並みいる山は雪の渓筋に残して夏に入るらし
・乱橋街道筋に蚕糞干しありしながらに宿場さびたり
・バスの行く栗の花路山の子はふところ干して口あけてゐる

【夏】

・炎天に向日葵燃ゆる一茎の草の炎に生くる尊とさ
・燃えている真夏の庭のダアルアに野望に似たる思ひ湧く悲し

【嶺の花原】

・ヘリコプター降りたつ嶺は爆風に松虫草の波立つ見ゆる
・峯おおう高山千草花ざかり天つ国原に胸きわまり来

【乗鞍岳】

・湧き上る霧に眼鏡を拭きあえぐコロナ観測所すぐま近なり

・峯近く一時晴れし霧の窓に偃松の屋根おおらに続く

・偃松の地帯もつきて荒々し熔岩の肌に霧巻き上る

【秋立つ】

・窓に咲く秋海棠にさす日光いやさやかにて午飯すぎたり

・物総て忘れしごとき一時の庭の八ッ手に集る蜜蜂

【文鳥】

・籠に居る白文鳥はつがいなりその静けさを羨む日のあり

・朝明けて白文鳥のきわやかに追ひ追うさまと日の明るさよ

・ミサエル《（ママ）》の実験ニュースひびきいる暁黒きサルビアの園

・国々の共存体制のはかなさよミサエル実験はつづけられる

・うす曇る二百十日の涼風に黒とんぼ飛ぶ南天垣根

【秋冷え】

・秋の夕陽わが影細く地に引けり気をおきながら我は道行く

・山の駅に一きわ冴えしコスモスに寒々と降る雨は秋にて

【国体】

・松浜の晴れ上りたる秋空に歓呼ぞ揚がる陸の祭典

・手と足と体の交錯はじき出る球の交錯闘う群像（バスケット）

・トンネルの入口に見し黄の野菊さ霧に濡れて動きゐたりき

・信濃路は草木の紅葉とりどりに霧がこもれる北軽井沢

【木曽路】

・木曽川の白き川原見えかくれ我が汽車汽笛をあげつつ下る

・終戦後の食糧事情いと悪しき時基礎に住む苦労したりし

・八重山の峡を逢いて行く汽車に思ひ出深かき村を見つむる

・赤々と夕焼雲のたなびける御嶽山の黒き輪郭

【秋深し】

・金蓋花色あざやかに夜は明けて雪をおきたる戸隠連峰

・里はまだ暗く霧立つ山の上大き太陽光つつ昇る

・霜霧に煙る安曇野に裾ひきて高く輝う雪のアルプス

・客の絶へし間は窓開け呼吸しぬ山見ぬ若き空気をさけて

・寒凪の高原の冴えくっきりと雪のアルプスこごしく迫る

【紛争調停】

・夏季の実のつぶつぶ赤き明科に屋根白々とせまるアルプス

・まとまりし手打ちの音も揃ひたり肌柔かに吹く春の風

・ひと冬の紛鼻なぎぬ新道を入学式の親子帰りく

・蕗の薹花咲く庭に猫一匹どこから来てしうねく啼きぬ

・昨日よりの紛争調停の吾が私案説明し今日も夕暮れとなる

・急施村会がながびき暮れぬ仲裁者の吾等つれづれにして何にも出来ず

・時々は争う論議の声きこゆ日花の羊歯に風立ち日暮る

【子の入試】

・たのまれて吾子の眠りを呼び覚ますまだ如月は寒しねむたし

・入試終えし安堵か吾子は今朝深く呆け眠りして窓を開かず

・母と子は首を集めて問を解くカナリアが鳴く朝の茶の間に

【二つの使命】

・千曲川の堤防の上に灯の続く川原のくいな聞きて二人いる

・人の世のそこばくもなき時にありて君と我との命全かれ

【高原の娘たち】

・高原の町はおぼろに嫁ぎゆく宴の席に我も列なる

・みめしるく青磁の皿に置かれたる白桃のごとき乙女なりけり
・疎開地の児童福祉に捧げゐて白導千鳥の花のごとかり
・イギリスにて会ひし娘の水晶のごとき聡明を君に見てとる

【初春の家居】
・冬ながき庭に斑雪のまだのこり葛薬の赤芽三センチばかり伸ぶ
・日がとどき小米櫻の咲く塩をおかいの犬が花散らし行く
・日眠の家の静けさ妻と二人居間う縁に鶯ふくみ鳴く
・我が居間を二階に移し雪とかすむ春のアルプスに真向いている

【開拓の村】
・はるかなる尾根の斜線に朝明けて空にほのぼの開拓の家
・開拓地に電燈がつき一夜さを家内眠らず遊びしと云ふ
・切株にこしかけてゐる少年が吹くハーモニカに手が集える

【春雑詠】
・柊の花の香鼻をづっとつく勤めの早き朝明けの門
・郷里とて水道竣工の式場に白髪端然と祝歌を詠む（若山喜恵子氏）
・白樺の新芽のびきてみどり浅しはるかに雪を負える乗鞍
・竹籠に櫻二、三本咲きさかりにわかにあらしのくる気配ある

・あるときは涙流して淋しがる妻に言うことなくて我れ居る
・青春の葉毎に結ぶ白露に朝日輝く尊とし愛し
・新らしき路線堤高しバスの窓に森、倉科の杏がかすむ
・バスのガイドが物語る川中島にけぶる春雨
・山の駅の軌道に沼いて小蝶舞えれんげたんぽぽ咲きつづきたり

【春の佛】

・峡深く林檎花咲く愛し人の寝減りませり雲おり沈む
・いつの間に散りし櫻ぞ世のことの常なし若葉や青みたり
・新らしき墓にローソクともりいて全く静か梨の花散る

【連休】

・麦作り土入れてゐる百姓に余念なければ休日とてなし
・酷く辛き煙にむせて隧道を国まずしければマスクして思ふ
・この連休昼はもの読み夕湯浴み家にこもりて身を養へり

【春たける】

・陳情群帰りしあとの机広し卯月あつけなく一花散りおり
・汽車窓に松の赤芽の眼に立ち来空遠く雪の白馬群山
・藤つつじアカシアなどが咲き続く峡の空に雪の峯あり

・やうやくにまとまりきたるよき構図桔棟原に居て穂高岳

【梅雨季】

・うす赤くつぼみ穂伸びし房状の田圃にひとり働く媼
・永劫の時間空間に微粒我が命あわれむ瞬間のあり
・なりわひのしげく明けくれ終日を人に会い居て疲れたる心のすきに喰い込む虚無感
・宇梠の葉巻ほぐれひろがりつぎつぎに若葉立つ日は梅雨に続ける

【初夏】

・生き生きと駅構内を流れ出る人波に初夏の朝日が迫る
・よろこびの余燼のごとく蛙なく田植えを終えしその夜の日に
・マンドリン夕べの風に流れたり田植休みの村の小途に

【ある日】

・焦煙のやりどころない夕立のくる気配にてポプラのゆる
・よりどころなく栗の花ゆるる己れはるかに誇る雪のアルプス
・諦念を生の執着イメージの思念の眼に浮ぶ睡蓮
・梅雨ぐもりポプラ並木に音もなし止観悲しく朝眼ざめいる
・朝の日の光さしこむ槍の峯の孤高尊とく身に沁みとおる

【美ケ原】

・高原の小屋をゆさぶり風が鳴り濃き霧暗く原をつつめり
・五ケ歌テレビの塔の工事場に霧に濡れつつ動く人影
・奉る玉串風に舞わんとす高原にテレビ塔の起工祭典
・父母をともない来にし二十年前の梓川原の日光きすげ
・ある花は小さく真白に咲きしずむ深山にのりて心つつまし
・りんね草の二花うつむきてつつましく咲けるを見たり上高地にて
・山荘の庭の小瑠璃はしげりたる一位のなかか霧はれきたる
・山荘に山うどをほめ茶をのめり朝の穂高嶺雲動く見ゆ

【夏の朝】

・咲き昇るうすべに葵うごかして小鳥は居たり朝の一と時
・雀子は庭に黄色に降りしける槐の花を踏めりついばめり
・モーツアルトの音楽ひびく朝明けを槐の花の降りつづく庭
・小鳥の声に眼ざめもの読み朝陽さす槐の大木に背伸びしてたつ

【日照り】

・人力のいたしかたなく村人等鎮守に雨乞いの太鼓をたたく
・幾夜さを乏しき水の分配に組合長の性強き眼差し
・もり上りくる雲の峯崩れ去り崩れ去り夏日照のつづく

【時事】

・内乱はレバノンに起り日照空紅のダリヤの葉がやけてくる
・遊び場の空き地に家建つ杭打ちを子供見ている垣根に並び
・高原の町の夜空に咲く花は旅心に消えて天の川白し
・平和裏に社会改革を甥に説き涼気立ちたる秋の夜更けぬ
・ただ独りとなりて老いたる被保護者の淋しく痛みて自殺たる話

【雨の山花】

・夜を通し雨太く降り入山辺の沢の瀬鳴りの旅空に高まる
・裏山は青葉にあけてくる朝の雨の中にてうぐいすの啼く
・雨のふる青磁の色の庭芝にせきれりたたく朝の山花

【夏】

・雷光の空にひらめく瞬間にまざまざと見ゆる庭の白百合
・生きてゆくことを思ひて凝視する夏の朝のポプラの静けさ
・煙空は煙はきゐて朝明けを燕とび交ふ夏の街中

【豪雨禍の上高地】

・通信のと絶えし山に三千人災害救助に夜を輸さんとす
・情報は胸をうちくる次々と食糧医薬品負ひて登ると

【高ポッチから鉢状山萩】

・高原に仰向けに臥て昼深しうつろの如く物思うとせず
・花原に顔をならべて物を食う吾の昼飯に飛ぶ山燕
・柴のりんどうの花みづみづし摘むを禁ずと吾子口ずさむ
・はるかなる窪地埋めて手の群の斑雪のごとし昼日たけたる
・列並る幾高山のただなかの鉢状の峯に我れ眺望す

【白骨温泉】

・沢渡にバスは憩いて上高地と白骨の湯におのおの別る
・沢深く小さき滝の手に汲みし水の冷たさ山の清しさ
・炭酸の湯の香ただよう白骨をかこめる山はことごとく霧
・滝高く湯つぼたたきて昼風のしぶきを浴びる夏の山場
・青く白く泡となりつつ湯は流れキャベツ畑に湯気たちている
・日ならべし疲れのさりし歯の痛み昨夜は癒えぬ山の湯はよし
・泡の湯に眼をさましたり茶を入れつきし宿の娘はきばなしゃくなげ
・青白き露天の風呂に雲りたる酸く甘き香に身に沁みとおる
・うぐひすはすでに啼くやそば畑のはての遠くは白樺林
・鈴蘭の峠越ゆれば自衛隊が乗鞍道を開きいるという

【孟蘭盆】

・山裾に薄穂に出で孟蘭盆の沸を迎る人が来ている
・孟蘭盆に帰りて焚ける香の煙小雨にただようさびれたる停家
・葡萄供え母を思ふ父の愛でしういきようの花捧げ申せり
・思い出は石の如くに冷たかり石一つ庭に据えんと思う
・若き頃の書庫にひそめば微臭し熟読せし本いくばくもなし
・妻がつくる茄子のおやきを賞でて食う昼なお暑く湧く蝉しぐれ
・明るくて耐大の空を一つ慾し書籍をつめて物思わばや
・子は子達なおあどけなきこと言いて隣の室に夜を遊ぶらし

【信濃の村】

・農の家に生れ育ちしその頃の生計のことを思う郷家に
・掃立制限養蚕農の収入は減るばかりなり故郷の村
・つれづれに行くという人に祝詞述べしみじみとして酒汲みにけり
・人口過多資源少なく生きて行く日本の現状に生くる悲しみ

【或る農の主婦】

・葉鶏歌真赤く映ゆる線先に桑籠おろしひとりごつ農婦
・学校より帰りし子等におにぎりをやりて出て行く桑籠負ひし主婦
・黙々と働きつくし四十代の主婦腰伸ばす南瓜さがる庭

【姥捨所見】
・余りある悲しき生活行商の媼一群リンゴ重く負う
・朝霧に一連咲ける葛の花深かき思い出ありて足止む
・姥捨の悲しきイメージ象徴し木横咲き続くホームに居るも
・吾子の代はいかに生くらん山深き北信濃まだ霧はれきらず

【秋色】
・寄宿舎の落成式に居ならべる盲の児等の拍手長かり
・いちどだけ死ぬるが如き慾をして見たしと云いし娘の眼見る
・さらさらと柿の紅葉の音の冴え寂しさ誘うたまに我れ病む

【発電工事の黒部峡】
・墜道をぬけるやすぐに剣岳の鋭き峯が秋空を切る
・機械の音谿どよもしてアルプスの深山にいどむ発電工事
・おのが裾の機械どよめる深谿を覗きているか雪の立山
・渓谷の切り崩されし灰色の断崖に夕日かぎろいている
・深谿の工事場に立つおどろしさに日が波る日没る立山の肩に
・穂芒の原に朝日のうすくさすクラブハウスの眼ざめわびしも

【扉針泉】
・秋梅雨のけぶりて峡夕暮れぬ製炭講習人深く酔ふ

・夕さりて笹に降る雨音さやに酒の者はいわな香茸
・焼きいわな寒露梅赤し山の湯の夕鍋となりて雨しげく降る
・友寄りて蜂の子飯と牛びてに歌語りすも雨の山の湯
・小鳥の声に耳をすませば昨夜降りし雨に高まる沢の水音
・沢深く川蝉啼きぬ三鷹山雲に隠れて今朝も見えざる
・雲低き扉峠の薬湯にひたりておりてきく稚子の声

【乗鞍道開さく工事】

・三本滝すぎれば唐檜直ぐに伸びなお深く入ればよつづみまつ赤
・髪のびし自衛隊員に挨拶す日暮れて冷ゆる山の秋の気
・山小屋の夕闇の庭肌寒くそばやき美味し鈴蘭の秋
・大野川日暮れて下る谷間にかたまりあえる人家の灯かも

【台風禍】

・次々に予報険悪台風の前線豪雨被害予想さる
・電線の千切られたおれ電燈のなき家々にろうそう配る
・幾十の橋流れなみ候橋なり通学に親の付き添いてくる
・嶺間と呼べる村々台風に荒れし川筋の家に人なし
・供水に埋れし稲穂堀り集め洗う農夫にうすき社の隅
・救助事務一段落しうとうと秋の昼日に眠けさしきぬ
・赤濁る出水の川の野を遠み常念の峯雲に現わる

・台風がすぎて飛び散る千切雲王ケ歌の上に月の出てくる
・新らしきワイシャツを着る朝かげを鳩飛びたちぬ倉庫の屋根に
・夫々の必然ありてかくあると人の責めぬば心たいらか
・応接の窓に重ねたるへちまの家電車ひびけど動かんとせず
・樫の葉に時雨音して過ぎにけり何を淋しみ酒を飲み更けし
・夜おそく帰りきたりてかどさせば酔ほまわりきぬ月冴えきたる
・コスモスの花むら明るく十五夜の月は偶居の庭を照らせる

【甲斐の国】
・柿、葡萄、ばら残り咲く農園に吾等に寄りて秋の陽を浴む
・苦労して御坂峠を登りきれば不二ケ嶺白し棚雲の上に
・湖に街の灯うつる川口にジュネーヴ思う平和日本にもあり
・雲しずむ湖べの松に音もなし朝の静思に富士は見えなく
・おお富士の裾野の暗き自然林何鳥ならん一つ鳴きたる
・本栖湖をへめぐる頃に不二見えぬふりさけ別れ下りてきたる
・松木立の冬道の登り呼吸昔し聖の力畏るる如く（身延山）
・天人の一瞬（またたき）の間なるべし生きがい巴里にて虫啼かぬ夜をわびしやと
・百日ほど旅行したりしその後の気楽のごとし有情ものの相よりて生くる世界

三木　清『近代日本思想大系 27　三木清集』筑摩書房、1975 年
三木　清『哲学ノート』中央公論新社、2010 年
宮坂広作『近代日本社会教育政策史』国土社、1966 年
宮本教代「わが国の訪問介護事業生成過程に関する一考察」『四天王寺大学大学院研究論集』第 6 号、2011 年、83-106 頁
三好達治『春の岬――詩集』創元社、1939 年
森 幹郎「ホームヘルプサービス――歴史・現状・展望」『季刊 社会保障研究』第 8 巻第 2 号、1972 年、31-39 頁
森 幹郎『ホームヘルパー』日本生命済生会、1974 年
山崎 等翁歌碑建立委員会（代表 原崎秀司）『山崎 等選歌集』1968 年
山田知子「わが国のホームヘルプ事業における女性職性に関する研究」『大正大学研究紀要 人間学部・文学部』第 90 輯、2005 年、178-198 頁
山野晴雄編『自由大学運動資料――伊那自由大学関係書簡（横田家所蔵）』自由大学研究会、1973 年
UNITED NATIONS(1950) Methods of Social Welfare Administration, UNITED NATIONS DEPARTMENT OF SOCIAL AFFAIRS, New York.
UNITED NATIONS(1956) INTERNATIONAL SOCIAL SERVICE REVIEW, No. 1, UNITED NATIONS DEPARTMENT OF ECONOMIC AND SOCIAL AFFAIRS, New York.
吉田久一「民間社会事業の発展」『講座 社会保障Ⅲ』至誠堂、1960 年、178-180 頁
吉田久一・高島 進『社会事業の歴史』誠信書房、1964 年
吉田久一『昭和社会事業史』ミネルヴァ書房、1971 年
吉田久一『現代社会事業史研究』勁草書房、1979 年
吉田久一『日本貧困史』川島書店、1984 年
吉田久一『日本の貧困』勁草書房、1995 年
吉田久一・岡田英己子『社会福祉思想史入門』勁草書房、2000 年
労働省婦人少年局編『婦人関係業務資料 no. 1　事業内ホームヘルプ制度――その方式と運営について』労働省婦人少年局、1962 年

原崎秀司『遠保栄我記（新正堂版）』1938-1949 年（原崎修一氏蔵、本文中では日誌Ⅰ）
原崎秀司『母子日記』1942 年（原崎修一氏蔵、本文中では日誌Ⅱ）
原崎秀司「蘇峡 雑記」『木曾』1950a 年、27-31 頁
原崎秀司「新しい生活保護法」『信州自治』第 3 巻第 6 号、1950b 年、8-10 頁
原崎秀司「福祉事務所の發足」『信州自治』第 4 巻第 11 号、1951 年、13-17 頁
原崎秀司「社会福祉事業はどう推進されているか」『信州自治』第 6 巻第 9 号、1953 年、14-15 頁
原崎秀司『歌稿 第一輯』1953-1954 年（原崎修一氏蔵、本文中では日誌Ⅲ）
原崎秀司「欧米ところどころ（1）スイス」『信州自治』第 8 巻第 2 号、1955a 年、22-25 頁
原崎秀司「欧米ところどころ（2）イギリス点描」『信州自治』第 8 巻第 4 号、1955b 年、32-35 頁
原崎秀司「人口問題断想」出典不詳、1955c 年、15-17 頁
原崎秀司「社会保障と新生活運動の進展」『信州自治』第 9 巻第 1 号、1956 年、22 頁
原崎秀司『自由日記 横書』1960-1966 年（美谷島和子氏蔵、本分中では日誌Ⅳ）
原崎秀司「社会型の断想」出典不詳、1961 年、1 頁
原崎秀司「随筆 農村保健」出典不詳、年月日不詳、28-29 頁
原田正二編『ねたきり老人とホームヘルプ活動：実践記録と活動の展開』全国社会福祉協議会、1978 年
福山政一『欧米保護教育制度の概観』日本感化教育会、1934 年
福祉新聞社「日本の社会福祉を進めた 100 人」『福祉新聞』第 418 号、1965 年 11 月 1 日、第 5 面（鉄道弘済会福祉資料室蔵）
Jose Ortega y Gasset(1961) The Modern Theme Harper（=1968、池島重信訳『現代の課題』法政大学出版局）
M. Nielsen. M. Blenkner, M. Bloom, T. Downs, and H. Beggs(1972) Older persons after hospitalization: a controlled study of home aide service, American Journal of Public Health, 62(8), pp.1094-1101
Margaret Dexter and Wally Harbert(1983) THE HOME HELP SERVICE TAVISTOCK, PUBLICATIONS, London and New York, pp.1-15

医療福祉大学学会誌』第17巻第2号、2012年、11-19頁
中嶌 洋「ホームヘルプ事業の先覚者における思想展開とハウスキーパー構想――戦間期から終戦直後までの原崎秀司の苦悩体験と理想像」『社会福祉学』第53巻第4号、2013a年、16-28頁
中嶌 洋「社会福祉研究における歴史的アプローチの特徴と課題」『帝京平成大学紀要』第24巻第2号、2013b年、289-304頁
中嶌 洋『日本における在宅介護福祉職形成史研究』みらい、2013c年
中嶌 洋『ホームヘルプ事業草創期を支えた人びと――思想・実践・哲学・生涯』久美、2014a年
中嶌 洋監修『現代日本の在宅介護福祉職成立過程資料集三――家庭養護婦派遣事業：長野県上田市資料①』近現代資料刊行会、2014b年
中嶌 洋「草創期における家庭養護婦派遣事業と家庭養護婦――担い手の背景と実践的課題の検証を中心に」『社会事業史研究』第45号、2014c年、31-45頁
長野県『家庭養護事業のしおり』1956年（上田市社会福祉協議会蔵）
長野県『県民の福祉』第70号、1958年
長野県厚生課『厚生年報 昭和39年度』1965年
長野県社会部『民生労働行政の現況と問題点』1961年
長野県社会福祉協議会五〇年のあゆみ編纂委員会編『長野県社会福祉協議会五〇年のあゆみ』ほおずき書房、2003年
長野県人事課『長野県職員録 昭和29年10月1日現在』長野県、1954年（長野県庁図書室蔵）
長野県ホームヘルパー協会『二十年のあゆみ』1991年
西村洋子『介護福祉論』誠信書房、2005年
日本赤十字社長野支部『百年を迎えて：日本赤十字社長野支部創立100周年記念誌』1991年
原崎秀司「編輯後記」『方面時報』第6巻第5号、1937a年、第4面
原崎秀司「編輯後記」『方面時報』第6巻第6号、1937b年、第4面
原崎秀司「編輯後記」『方面時報』第6巻第7号、1937c年、第6面
原崎秀司「東京陸軍病院」『方面時報』第6巻第8号、1937d年、第2面
原崎秀司「【展望台】昭和拾二年の方面事業」『方面時報』第6巻第9号、1937e年、第4面
原崎秀司「編輯後記」『方面時報』第6巻第10号、1938a年、第4面
原崎秀司「編輯後記」『方面時報』第7巻第6号、1938b年、第6面

面時報』第 7 巻第 10 号、1939a 年、第 4 面
全日本方面委員連盟「方面映画（トーキー）方面動員（第 1 回）」『方面時報』第 7 巻第 11 号、1939b 年、第 4 面
全日本方面委員連盟「方面映画（トーキー）方面動員（第 2 回）」『方面時報』第 7 巻第 12 号、1939c 年、第 6 面
全日本方面委員連盟「【試写室】方面映画 方面動員を讃ふ」『方面時報』第 7 巻第 12 号、1939d 年、第 6 面
全日本方面委員連盟「方面映画（トーキー）方面動員（第 3 回）」『方面時報』第 8 巻第 1 号、1939e 年、第 4 面
全日本方面委員連盟「方面映画（トーキー）方面動員（第 4 回）」『方面時報』第 8 巻第 2 号、1939f 年、第 4 面
全日本方面委員連盟「叙勲」『方面時報』第 9 巻第 8 号、1940a 年、第 1 面
全日本方面委員連盟「方面会館建設委員會役員氏名」『方面時報』第十巻第 5 号、1940b 年、第 4 面
タカクラ・テル『文学論・人生論』理論社、1953 年
竹内吉正「上田市社協の経験」『社会事業』第 43 巻第 9 号、1960 年、31-34 頁
竹内吉正「ホームヘルプ制度の沿革・現状とその展望」『老人福祉』第 46 号、1974a 年、51-69 頁
竹内吉正「ホームヘルプ制度の沿革と現状——長野県の場合を中心に」『住民福祉の復権とコミュニティ』鉄道弘済会、1974b 年、55-75 頁
竹内吉正「ホームヘルプ制度発足の周辺」『長野県ホームヘルパー協会二十年のあゆみ』1991 年、14-28 頁
武川正吾「在宅ケアの実情——イギリス」『ジュリスト 増刊』1993 年、222-227 頁
中央社会事業協会編『方面委員須知』中央社会事業協会、1928 年
中嶌 洋「ボランティア活動の実践からホームヘルプ事業化への道すじ——長野県上田市における事例を中心にして」『上智大学教育学論集』第 42 号、2008 年、83-98 頁
中嶌 洋「ホームヘルプ事業の黎明としての原崎秀司の欧米社会福祉視察研修（1953 ～ 1954）——問題関心の所在と視察行程の検証を中心に」『社会福祉学』第 52 巻第 3 号、2011 年、28-39 頁
中嶌 洋「ホームヘルプ事業誕生における教育的地盤の基礎形成」『国際

上村冨江「上田市のホームヘルプサービスを担った女性たち」『社会福祉のなかのジェンダー――福祉の現場のフェミニスト実践を求めて』ミネルヴァ書房、1997 年、247-257 頁
亀山幸吉「介護における実践と理論の史的展開と課題」『社会福祉研究』第 51 号、1991 年、81-86 頁
木村忠二郎『社会福祉事業法の解説』時事通信社、1955 年
黒木利克『社会福祉の指導と実務』時事通信社、1952 年
厚生省編『厚生行政要覧』1952 年
厚生省編『厚生白書　昭和 60 年版』厚生統計協会、1985 年
厚生省社会局施設課『老人福祉（二）――老人家庭奉仕員制度について』1961 年
厚生省社会局老人福祉課厚生省保健医療局老人保健部老人保健課監修『ホームヘルプ――やさしいお年寄りの介護』老人福祉開発センター、1987 年
孝橋正一『全訂 社会事業の基本問題』ミネルヴァ書房、2009 年
「五十年のあゆみ」編纂委員会『松本市社会福祉協議会創立五十年のあゆみ』松本市社会福祉協議会、2004 年
齋藤榮治訳『ヒルティ著作集　第二巻　幸福論Ⅱ』白水社、1958 年
信濃毎日新聞社「ホームヘルプ制が実施されたら」『信濃毎日新聞』第 26608 号、1956 年、第 2 面
柴田善守『小河滋次郎の社会事業思想』日本生命済生会、1964 年
島崎藤村『夜明け前 第一部（上）』新潮社、1932 年
信州自治研究会「【座談会】社会福祉を語る」『信州自治』第 6 巻第 9 号、1953 年、18-21 頁
信陽新聞社「仲間入り初の記念日　原崎さんにきく」『信陽新聞』第 13072 号、1957 年、第 4 面
須加美明「日本のホームヘルプにおける介護福祉の歴史」『社会関係研究』第 2 巻第 1 号、1996 年、87-122 頁
全国社会福祉協議会全国ホームヘルパー協議会編『ホームヘルプ活動ハンドブック』全国社会福祉協議会、1984 年
全国社会福祉協議会・高年福祉部『ホームヘルプ事業運営の方法――ホームヘルプ事業運営の手引き』全国社会福祉協議会、1993 年
全日本方面委員連盟「国民精神総動員運動とタイアップ」『方面時報』第 6 巻第 9 号、1937 年、第 2 面
全日本方面委員連盟「方面映画（トーキー）（仮題）方面動員（3 巻）」『方

参考文献

秋山智久「在宅福祉と施設機能」『在宅福祉への指標』東京都社会福祉協議会、1985 年

Audrey Hunt(1970) The Home Help Services in England and Wales, pp. 1-28

池上敬吾「家庭奉仕員――あのころあのとき」『長野県ホームヘルパー協会二十年のあゆみ』1991 年、6-13 頁

池川　清「外国におけるホームヘルプについて」『社会事業』第43巻第7号、1960 年、19-28 頁

池川　清『家庭奉仕員制度』大阪市社会福祉協議会、1971 年

池田敬正・池本美和子『日本福祉史講義』高菅出版、2008 年

一番ヶ瀬康子『生活福祉の成立』ドメス出版、1998 年

一番ヶ瀬康子監修・日本介護福祉学会編『新・介護福祉学とは何か』ミネルヴァ書房、2000 年

上田市社会福祉協議会『住民と共に歩んだ五〇年』2006 年

上田市役所・上田市方面事業助成会『上田市社会事業要覧』中澤印刷、1940 年

右田紀久恵・高澤武司・古川孝順『社会福祉の歴史 [新版]』有斐閣、2008 年

梅崎春生『飢ゑの季節』大日本雄弁会講談社、1948 年

荏原順子「ホームヘルプサービス事業揺籃期の研究」『純心福祉文化研究』第 6 号、2008 年、1-11 頁

遠藤興一「戦時下方面委員活動の性格と特徴」『社会事業史研究』第 4 号、1976 年、15-41 頁

岡村重夫『社会福祉選書 地域福祉論』光生館、1974 年

小笠原慶彰「大阪府方面委員制度創設期における林市蔵の位置」『社会福祉学』第 52 巻第 1 号、2011 年、3-15 頁

小笠原慶彰「全日本方面委員連盟副会長林市蔵の思想と行動」『社会事業史研究』第 41 号、2012 年、7-22 頁

小笠原慶彰『林市蔵の研究』関西学院大学出版会、2013 年

Kurt G, Herz(1971) Community Resources and Services to Help Independent Living, The Gerontologist, 11(1), pp. 59-66

介護福祉学研究会監修『介護福祉学』中央法規出版、2002 年

加藤将之訳『カントの日常生活』第一書房、1939 年

1966（昭和 41）年　63 歳 9 月 12 日　胃癌のため病没（享年 63）。	「敬老の日」が祝日に 11 月　初の人材銀行
1967（昭和 42）年以降 没後、勲四等瑞宝章を授与される。	9 月　全国初の「寝たきり老人の実態調査」実施、第 1 回高齢者集会開催

年譜・年表参考文献

信濃毎日新聞社『信濃毎日新聞』第 26608 号、1956 年 3 月 28 日、第 2 面
長野県『長野県職員録』1954 年、13 頁
長野県厚生課『厚生年報 昭和 39 年度』1965 年、73 頁
日本赤十字社長野県支部『百年を迎えて：日本赤十字社長野県支部創立 100 周年記念誌』1991 年、164 頁
原崎秀司『遠保栄我記』(1938. 11 ～ 1949. 10. 28)
原崎秀司『自由日記 横書』(1960. 7. 20 ～ 1966. 6. 13)
原崎の長男、原崎修一氏の証言（2008 年 12 月 17 日、2009 年 1 月 3 日、8 月 3 日、10 月 3 日、2010 年 3 月 7 日）等を基に、筆者が整理した。

1956（昭和 31）年　53 歳

4 月 9 日　長野県告示「家庭養護婦の派遣事業について」（31 厚第 235 号）通知。
11 月 30 日　末子、授産施設「更級会」を運営（厚生大臣の認可下る）。

5 月　売春防止法公布
9 月　第 1 回老人大会開催
10 月　初の『厚生白書』刊行

1959（昭和 34）年　56 歳

この年　長野県児童福祉審議会委員、防災会議委員会委員に就任。
この頃　長野県社会福祉協議会理事に就任、長野県人事委員会事務局長に就任。

4 月　国民年金法公布
5 月　厚生省、年金局を設置
11 月　国民年金法施行

1960（昭和 35）年　57 歳

8 月 6 日　潮音大会（短歌集団の集まり）に参加。
11 月 15 日　日本赤十字社長野県支部事務局長歴任（1966 年 9 月まで）。

1 月　日米安全保障条約締結
3 月　厚生省、無拠出の福祉年金支給開始
9 月　カラーテレビ放送開始
11 月　日本ソーシャルワーカー協会設立

1962（昭和 37）年　59 歳

1 月 10 日　長野県身体障害者福祉審議会副会長に就任。
4 月 7 日　上田市で点訳講習会に参加。
5 月 5-13 日　九州旅行（長崎 - 雲仙 - 熊本 - 鹿児島 - 霧島 - 宮崎 - 別府 - 瀬戸内海 - 大阪 - 福島）。
12 月 25 日　豊科病院の人的改造の協力依頼をするべく、信州大学医学部教授陣を訪ねる。

2 月　全国老人クラブ連合会結成
4 月　老人家庭奉仕員派遣事業への国庫補助開始
9 月　キューバ危機
11 月　厚生省、老人福祉法案大綱をまとめる

1965（昭和 40）年　62 歳

11 月　「日本の社会福祉を進めた 100 人」（福祉新聞社主催）の一人に選出される。

6 月　厚生年金保険法改正法公布、理学療法士及び作業療法士法公布
8 月　母子保健法公布

1952（昭和 27）年　49 歳

欧米社会事業視察研修のための準備（英会話や行程など。翌年 9 月 18 日まで）。	4 月　日本、独立を回復（GHQ 廃止） 5 月　中央社協、(福)全国社会福祉協議会連合会として発足 6 月　恩給法特例審議会（総理府）設置 11 月　全国社会福祉事業大会（「老人憲章」提案）

1953（昭和 28）年　50 歳

9 月 19 日夕刻　国際連盟社会事業奨学生として羽田を発つ。 9 月 22 日　国際連盟欧州事務局（スイス・ジュネーヴ）到着（14:30）。同局に挨拶に行く。 9 月 25 日～ 10 月 2 日　国際連盟の訓練コースを受講（8 日間）。 10 月 3 日　ジュネーヴからロンドンに向かう。	2 月　テレビの本格放送開始 8 月　社会福祉事業振興会法公布

1954（昭和 29）年　51 歳

1 月 1 日　文化振興会(The British Council)訪問。 1 月 25 日　ブリストル市を中心に、社会福祉施設・ホームヘルプ制度を視察・見学。 2 月 26 日　グロスターからロンドンに戻り、最終報告書作成開始。 2 月 26 日～ 3 月　大英博物館（The British Museum）の図書館で、英文報告書を作成。同時に、夜間は宿泊先でも英文報告書をタイプする。 3 月頃　ロンドン大学のエリザベス・ハンター氏に最終報告書の校閲を依頼。 3 ～ 4 月　ロンドン市内で社会保障関係の資料を買い漁る。マンチェスターからプレストンを視察。 4 月 15 日　パリ到着。市内を見学。 4 月 19 日　ニューヨーク到着。ダウンタウン、イーストサイド、身体障害者施設（全盲）見学。 4 月 22 日　マンチェスター福祉事務所を訪問。 4 月 27 日　プレストンで社会福祉の話を聞き感激。 5 月 1 日　羽田到着、帰国（約 7 ヶ月間の海外視察研修終了）。	1 月　全国社会福祉緊急大会開催 2 月　マリリン・モンロー来日 5 月　日本社会福祉学会発足、厚生年金保険法公布 6 月　自衛隊発足 7 月　市町村職員共済組合法公布 11 月　日本民主党結成

(1945)

	12月　労働組合法、「生活困窮者緊急生活援護要綱」閣議決定、全国方面委員緊急大会、社会保険制度審議会答申、日本政府、連合国軍総司令部に回答「救済福祉ニ関スル件」の計画書提出
1946（昭和21）年　43歳	
8月27日　郡連合婦人会初の役員会を開催（於・所長室）。	1月　天皇、人間宣言 2月　連合国軍総司令部覚書、指令775号「社会救済」と題する覚書 11月　日本国憲法公布
1948（昭和23）年　45歳	
1月20日　長野県庁渉外課長就任（1年間勤務）。 2月9日　詩の読書会を10人程で開催。公舎で清話会も開催。 3月27日　先妻・千壽子死去。 8月25日　ホテル協会との打合会。 10月11日　第一回渉外課長会議参加(於・甲府市)。 10月18日　教育官会議（知事に同伴し、軍政部に出席）。	7月　民生委員法公布・施行、厚生年金保険法改正法公布 12月　社会保障制度審議会設置法公布
1949（昭和24）年　46歳	
3月31日　特別調達庁長野連絡官事務所長及び渉外課長を辞し、長野県社会部厚生課長就任（1949年3月31日から1956年3月31日まで7年間勤務）。 9月8日　後妻・末子と結婚。	5月　船員保険法改正法公布 6月　厚生省、社会事業従事者訓練要綱決定 11月　連合国軍総司令部、社会福祉六原則を指示 12月　身体障害者福祉法公布

1940（昭和 15）年　37 歳	
	9 月　日独伊三国軍事同盟調印 11 月　紀元二千六百年式典開催
1941（昭和 16）年　38 歳	
3 月 7 日　社会事業主事高等官八等待遇（茨城県庁勤務）。 9 月 21 日　社会事業協会六万円基金成就。 12 月 10 日　隣保事業・保健婦事業・水害特設保育所に関し、太田、鉾田、潮来、下妻を視察。 12 月 23 日　保健婦講習会終了式挙行。	1 月　教職員共済組合令公布
1942（昭和 17）年　39 歳	
1 月 9 日　水害地乳幼児愛着相談所開設準備打合会（全町村長集結）。 1 月 17 日　同和中堅講習講義・閉会式挙行（於・神竜寺）。 11 月 1 日　職員制廃止により、社会事業主事から本官事務官に任命される。	11 月　厚生省に年金課設置、（財）年金保険厚生団設立
1944（昭和 19）年　41 歳	
	6 月　連合軍、ノルマンディー上陸 8 月　一億国民総武装（竹槍訓練） 10 月　神風特攻隊編成
1945（昭和 20）年　42 歳	
3 月 6 日　西筑摩地方事務所長拝命。 この頃　木曽やその他 2 ～ 3 の地方事務所長を歴任。 8 月 26 日　遺族慰問のため初めて開白村出張（3 日間）。 9 月 1 日　軍人援護主任者会議（帰還者の援護及び激励）。 9 月 11 日　兵士主任会議会を警察と共催。	8 月　広島・長崎への原子爆弾投下、終戦 9 月　連合国軍総司令部（GHQ）による占領政策開始 10 月　国際連合成立

1938（昭和13）年　35歳

この頃　厚生省に入省。『方面時報』の編集や方面映画『方面動員』の製作も手掛ける。

1月25日　妻となる河端千壽子に正式に結婚申し込む。

2月21日　演習召集を受ける。

11月2日　恩寵財団軍人援護会長野県支部主事辞職。

11月29日　連合方面委員会出席（於・神奈川県真鶴町）。

12月8日　方面映画東宝製作シナリオ書く（研究会）。

12月14日　埼玉県方面懇談会代理出席（於・知事官舎）。

1月　厚生省設置(初代厚相　木戸幸一)

4月　国民健康保険法、社会事業法公布

1939（昭和14）年　36歳

1月3日　長野県庁転出を勧告さる（岸田主事、山崎村長）。

1月10日　方面映画ロケーション・ハンチングで亀戸砂町方面のスラム、方面館、託児所視察。

1月11日　板橋の岩の坂ロケーション・ハンチング。谷田部の託児所、深川の賛育会産院視察。

1月12日　連合方面事業研究会（於・会議室）。

1月18日　原泰一常務より長野県転出の許可得る。

5月16日　長野県下傷痍軍人会総会（於・産業会館）。

10月16日　銃後慰安映画会視察出張。

11月2日　長野県社会事業主事補任官之給三等、同時に茨城県の社会事業主事も兼ねる。

11月11日　上田市方面委員会出席（岸田主事とともに調査週間指示）。

11月12日　長野市方面委員会出席。

11月15日　上水内方面委員会出席、同夜、保母座談会出席（於・社会館）。

11月16日　埴科郡方面委員会出席。

11月19日　下伊那方面委員会出席。

11月27日　松本連隊召集解除者面接。

11月29日　松本市方面委員総会出席（学務部長の代わりに挨拶）。

12月2日　軍人援護指導員・遺族指導員会議出席。

12月7日　石川県方面委員との懇談会出席（於・市社会館）。

12月16日　飯山町遺族会に出席。

7月　厚生省、勤労者厚生年金保険制度案要綱草案を発表

原崎秀司年譜及び周辺の出来事年表

年・歳／事項	周辺の出来事
1903（明治 36）年　0 歳	
8 月 5 日　長野県埴科郡戸倉町に、地主の父寅之助、主婦の母たけの 5 人姉弟の長男として誕生。	
1914（大正 3）年　11 歳	
	7 月　第一次世界大戦勃発。
1915（大正 4）年　12 歳	
3 月　尋常小学校を卒業。卒業後、家業の農業に勤しむ。短歌、農民美術に興味を持つ。	
1921（大正 10）年　18 歳	
短歌集団「潮音」入社。「白夜」にも所属	3 月　中央慈善協会、中央社会事業協会と改称。
1925（大正 14）年　22 歳	
11 月　近衛三聯隊を除隊する。	4 月　治安維持法 7 月　細井和喜蔵『女工哀史』
1928（昭和 3）年　25 歳	
11 月 19 日　上田自由大学（於・上田市海野町公会堂）で、三木清の講義「経済学に於ける哲学的基礎」を受講し、感銘を受けたとされる。以後、三木清の書籍を読み漁る	9 月　内務省社会局「救護法案要綱」発表
1929（昭和 4）年　26 歳	
この頃　三木清に傾倒し、三木の勤務校であった法政大学文学部哲学科入学を目ざし猛勉強す。 1 月 25 日　短歌集『土くれ』（75 〜 80 頁）に「白き日」と題して 17 首の短歌を投稿。 この頃　法政大学予科入学（予科 2 年の時に予備演習召集を受ける）。8 年間の学問生活。 5 月　父、寅之助死去。	4 月　救護法公布
1931（昭和 6）年　28 歳	
この頃　法政大学本科（文学部哲学科）入学。	4 月　全日本方面委員連盟結成
1935（昭和 10）年　32 歳	
この頃　法政大学文学部哲学科卒業。優秀者表彰として、銀時計（置時計）を授与される。	10 月　警察共済組合令公布

●著者紹介
中嶌　洋（なかしま・ひろし）
1974年兵庫県生まれ。上智大学大学院総合人間科学研究科博士後期課程単位修得満期退学。博士（医療福祉学、論文）。現在、帝京平成大学現代ライフ学部専任講師。日本獣医生命科学大学非常勤講師、昭和女子大学非常勤講師を兼務。
本書に関する主要業績（単著）として、「ホームヘルプ事業の黎明としての原崎秀司の欧米社会福祉視察研修（1953～1954）」『社会福祉学』第52巻第3号、日本社会福祉学会、2011年、「ホームヘルプ事業の先覚者における思想展開とハウスキーパー構想」『社会福祉学』第53巻第4号、日本社会福祉学会、2013年、『日本における在宅介護福祉職形成史研究』みらい、2013年、『ホームヘルプ事業草創期を支えた人びと：思想・実践・哲学・生涯』久美、2014年、「草創期における家庭養護婦派遣事業と家庭養護婦：担い手の背景と実践的課題の検証を中心に」『社会事業史研究』第45号、社会事業史学会、2014年など。

●企画・編者紹介
津曲裕次（つまがり・ゆうじ）　1936年生まれ。長崎純心大学大学院教授。筑波大学名誉教授、高知女子大学名誉教授。専攻は知的障害者施設史。

一番ヶ瀬康子（いちばんがせ・やすこ）（1927～2012）日本女子大学名誉教授。専攻は高齢者・児童・障害者福祉など社会福祉全般。

シリーズ
福祉に生きる　67
原《はら》崎《さき》秀《ひで》司《し》

定価（本体二、〇〇〇円＋税）
二〇一四年一〇月八日発行

著者　中嶌洋
編者　津曲裕次
発行者　相川仁童
発行所　大空社
東京都北区中十条四－三－二
電話　〇三（六四五四）三四〇〇
郵便番号　一一四－〇〇三二
http://www.ozorasha.co.jp

落丁乱丁の場合はお取り替えいたします

ISBN978-4-283-01441-1 C0023 ¥2000E

シリーズ　福祉に生きる

◇収録一覧◇